读懂青春期

途龙◎编著

民主与建设出版社

·北京·

© 民主与建设出版社，2022

图书在版编目（CIP）数据

读懂青春期 / 途龙编著. -- 北京：民主与建设出
版社，2022.2
ISBN 978-7-5139-2642-3

Ⅰ.①读… Ⅱ.①途… Ⅲ.①青春期－家庭教育
Ⅳ.①G782

中国版本图书馆 CIP 数据核字（2021）第 279212 号

读懂青春期
DUDONG QINGCHUNQI

编　　著	途　龙
责任编辑	王　颂
封面设计	王玉美
出版发行	民主与建设出版社有限责任公司
电　　话	（010）59417747　59419778
社　　址	北京市海淀区西三环中路 10 号望海楼 E 座 7 层
邮　　编	100142
印　　刷	三河市九洲财鑫印刷有限公司
版　　次	2022 年 2 月第 1 版
印　　次	2022 年 12 月第 1 次印刷
开　　本	710 毫米 × 1000 毫米　1/16
印　　张	13
字　　数	208 千字
书　　号	ISBN 978-7-5139-2642-3
定　　价	56.00 元

注：如有印、装质量问题，请与出版社联系。

在教育青春期孩子的这个问题上，我觉得中国父母的误区其实挺多的。

举例来说，青春期的孩子独立意识正在增强，他们渴望有自由的空间，能够自己做事；但是父母呢，还把孩子当成幼童，事事为他操心，稍不如意就加以管制、约束，而且仍旧是那种命令式的训导语气。结果，孩子完全不领情，反而变本加厉地和父母对着干。其实，孩子到了青春期，角色已经发生了变化，而父母的角色也就应该跟着改变。如果孩子在升级、在进步，而父母却在远离他们，那这样的教育势必是没有任何效果的。

再如，有很多父母只关注孩子的学习成绩，认为成绩决定一切，殊不知，要提高孩子的学习成绩，让孩子有动力，绝不是只从学习这个层面入手就能够解决的。有时，带孩子参加一些活动，多让孩子看看外面的世界，更有利于打开孩子的心门，让他了解学习的益处，从而自动自发地转变学习态度。

对青春期孩子的教育，我们要有全新的认知，要有解决问题的方法。如果我们能帮孩子走好人生的第一步，那么孩子在未来旅途上的每一步都会走得更有自信和动力；如果我们不能帮孩子走好人生的第一步，可能孩子在未来的人生之路上就会走得跌跌撞撞，步履蹒跚。

青春期是美好的，同时也是问题丛生的，这是一个人从孩童走向成人必经的阶段。孩子正在摸索着看世界，他要的不是批判，不是打压，不是责骂，不是冷眼，不是旁观，而是支持、鼓励，以及能和他们说得来的"朋友"。父母，不只是他们的长辈，也可以成为他们的朋友，只要你为孩子着想，能够放下自己的自尊和面子就行。不过，为了孩子，哪个父母不愿意这样做呢？

在对青春期孩子的教育上，父母扮演着重要的角色。在学校，老师只会教给孩子一些学习上的知识，即便有人生的辅导，那也是浅层的，而对孩子性格、性情的塑造，对孩子学习的督促，都需要父母来完成。

为了更好地帮助孩子，父母不能鲁莽地闯进孩子的世界，要随时学习，随时反省，检测自己的教育方式对孩子是否适用。

为了化解父母教育青春期孩子的误区，为了让父母找到更好更高效的教育方法，我编写了这本《读懂青春期》。书中的一字一句都是我多年辅导青春期孩子的经验所得。我从青春期孩子的画像开始，剖析青春期孩子的年龄特点，再重点讲解青春期孩子叛逆的心理状态，并从情感、沟通、排解网瘾、辅助学习、体察情绪、成长发展等几个父母最关心的问题入手，逐一帮助父母解决孩子在青春期的问题。此外，书中专门针对极度叛逆的青春期孩子的情况做了讲解，让有这些情况的父母都能找到应对的教育方法，把孩子培养成一个充满正能量的人。

书中有大量的案例，很多父母在看到这些案例时，可能都会觉得是自己教育的一个影子。其实，这些案例大部分都是我在多年教育中遇到的真实情况，因此，我对这些孩子的状态是深有体会的。不管怎样，为了解决他们的各种问题，我想尽了各种办法，也取得了一些效果，并希望通过本书将我的一些心得感悟分享给更多的读者朋友。

我真心地希望家有青春期孩子的父母，在阅读本书时，能够更好地走进孩子的心灵，帮助孩子积极面对青春期的生理和心理问题，以此培养孩子自尊、自爱、自立、自强的人生观、世界观和价值观，让孩子们健康成长，快乐成长！

途龙

2021.4

Chapter 06 做好沟通，做孩子亲密的陪伴者

Chapter 07 体察变化，帮助孩子走出内心的不安

Chapter 01

青春期孩子的
集体"画像"

要知道，青春期是一个人走向成熟的大门。因为是过渡阶段，进入青春期的孩子，都或多或少会有一些身体和心理上的变化。了解这些身心变化，是父母教育青春期孩子的前提，也是父母帮助孩子跨过这道大门的必备元素。

自我意识出现质的变化

　　我接触的大部分青春期孩子的父母几乎都有类似的感觉，那就是到了青春期，孩子开始多了很多与"我"有关的秘密，如书包里开始有小镜子，总是藏起来的笔记本，等等，这些其实都是青春期孩子自我意识出现变化的结果。

　　自我意识，是一个人对自己各种身心状况的认识、体验和愿望。虽然人的自我意识并不是在青春期才出现，也不是在青春期才确定和完成的，但我们不可否认的是，孩子到了青春期，身体、心理都在发生巨大的变化，这些变化使得青春期的孩子不得不以一种新的眼光来看自己，思考自己，从而也就出现了不少的困惑和苦恼，并随之带来许多行为上的变化。

　　在我看来，青春期孩子的自我意识真的在发生质的变化。这一点首先表现在孩子会过分关注自己的长相。因为这时，孩子们对于美丑的判断有了一定的标准，他们会拿自己和理想的少男少女相比，因此非常在意自己的容貌是否漂亮、身材是否匀称，等等，如果和理想的标准有差别，他们就会犯愁、苦恼，所以孩子们书包里出现小镜子，或是过分使用一些化妆品就不足为怪了。

　　其次，独立性大大增强也是青春期孩子自我意识觉醒的一大显著特点。到了青春期以后，孩子们开始有意地割断与父母之间的情感，形成"心理断乳期"。由于孩子们急于趋向独立，但是自己的心理又不成熟，这就使他们心理上产生极度的矛盾感。一方面他们需要依赖父母，另一方面他们又希望得到父母的真正理解。

可能很多人都看过一部叫《小欢喜》的电视剧，剧中的乔英子，是一名即将高考的高三学生。乔英子一心想考南大，可她母亲宋倩却一心想让乔英子考清华或北大，而且宋倩有着极强的掌控欲，从小乔英子的一举一动都得按照她设定的步骤来。

可青春期的乔英子早已经从心里非常抵触这种感觉了。恰恰她的父亲乔卫东对她的态度和宋倩完全相反。乔卫东非常爱乔英子，乔英子的所有愿望他都会想办法满足。正是乔卫东的这种态度，促成了乔英子自我意识的觉醒，让乔英子陷入了心理上的困扰，她不明白母亲为什么不支持自己考南大。

这种情绪在乔英子心里越埋越深，最终乔英子情绪失控，跑到江边要跳江。

青春期孩子自我意识觉醒的另一个表现是孩子对人际关系的烦恼。青春期孩子的社交范围逐渐扩大，他们已经不再把自己局限在家庭和班级里，但由于他们缺乏社交经验，在交往中就难免出现各种矛盾，走偏的孩子甚至感情用事，讲究哥们义气。

青春期的孩子总是喜欢把自己想象成"独特的自我"，而把别人想象成"看我的观众"。似乎别人随时随地都在看着自己，因此他们常常把自己的自我欣赏、自感不足等都投射到周围人的身上。这样过分夸大自己的感受和体验总是带有十分强烈的以自我为中心的倾向。

当然，自我意识的内容非常丰富，青春期的孩子非常有必要考虑到自我意识发展的特点，而他们在这一阶段的任务就是要建立好"我是谁"的自我认知。孩子在升级，父母的教育就切不可远离孩子，教育思想一定要跟上，像这时就必须采取有效的教育对策施教，给孩子灌输良好的自我概念，这样才能让孩子客观地评价自我，并且做到充分自信、适度自控。

第二性征出现，不安加剧

人在进入青春期以后，由于性激素的作用，身体外显特征急剧变化。以前，男孩与女孩除了性器官的区别以外，其他各方面都差不多。而现在则不一样了，男孩与女孩开始表现出除性器官以外各自所特有的征象，这就是第二性征，又叫副性征。

具体就是男孩表现为出现胡须，喉结开始变得突出，肌肉变得更发达，声音开始变粗等；女孩则主要表现为骨盆变得宽大，皮下脂肪开始增多，乳腺逐渐发育，声调逐渐变高等。

除上述第二性征以外，青春期的主要生理变化还在于生殖系统逐渐成熟。男孩的睾丸开始制造精子并分泌男性激素，有了遗精现象，产生性欲，并且已经具备生殖能力；而女孩的卵巢功能逐渐健全，月经初潮出现。这些特征，实际上都表明男孩与女孩不能单纯地以"小孩"来看待了，他们已经长成"大人"了。

随着性功能的发育与自然成熟，因为自然本能的原因，加之性欲萌动，这一时期的孩子对自身器官的变化不但十分敏感和关注，而且更重要的是一种不安感开始逐渐加剧。他们有着对性知识的渴求，非常想了解关于性的秘密，同时也渴望与异性接触，甚至产生性幻想。但在我们长期以来对青春期孩子的教育中，性的教育常常比较匮乏，有的父母甚至谈性色变，这反而让青春期的孩子在心理上产生了矛盾和不安，他们不知道如何应对这些突如其来的变化，因为他们在生理上已经发育成"大人"，而心理上却还是孩子，并且还担负着读书的任务。于是，他们变得焦虑、恐惧、紧张、羞涩、烦恼。这些情况都会一定程度地影响孩子的学习，有的甚至会影响身体健康，医学上对此还有个专有名词，叫"青春期焦虑症"。

在我的"青少年精英训练营"里，同一期的两个孩子，一个男孩一个女孩，他们都曾经备受第二性征的困扰。

女孩名叫小丹，本来是一个性格非常开朗的女孩。进入高二以后，老师却发现她不再和同学们嬉闹，经常一个人独自发呆，一副不知所措的样子。走路也总是含胸驼背。老师找小丹谈过很多次，她都咬着嘴不肯说。有一次，老师试探着问她："是不是身体已经发育了？"听到这，小丹才害羞地点点头，原来她对乳房的发育感到非常害羞，走路就不敢抬头挺胸；又对月经的来潮感到不安。对此，她的妈妈完全不知情，当然就不可能有人给她及时的"安慰"了，因此，她不可避免地出现了不安、恐惧和自卑的情绪。

男孩名叫小武，从高二开始，睡觉时出现遗精现象。因为晚上睡得晚，白天上课就无精打彩。小武觉得自己很"丢人"，但自己又控制不住。为此，他整天忧心忡忡，回到家以后就把自己关在房间里，性格也变得孤僻。有一次，他妈妈察觉出异样，便偷偷地去看他在做什么，这才发现了他的这一"秘密"。

其实在我看来，很多情况下，青春期孩子因为第二性征的出现表现得不安，都在于父母不懂得青春期孩子身体发育的特点，没有进行正确的心理引导，才导致孩子出现了心理问题。甚至有的父母明明知道对孩子进行性教育是必要的，但也因为传统观念根深蒂固，觉得谈性难以启齿，因此白白错过了最佳教育时间。

　　实际上，父母完全不必有性教育的负担。就像德国医生布鲁赫说的那样："完善的性教育是无害的"。人有性的本能，对待性，我们完全应该像对待别的事情一样光明正大，自然而然。这才是为人父母者应该有的态度。当然，对于具体的性教育方式，我也会在后面的章节中一一呈现。

敏感多疑，情绪多变

可能很多父母都会发现，自己的孩子进入青春期以后，变得非常敏感，情绪也起伏不定。青春期让成长中的孩子走到了生活的最前沿，他们已经开始尝试独立自主，但又总觉得自己在很多方面和大人相比有所欠缺。他们热衷于想要知道他人如何评价自己，当然，他们也不再像以前那样很自然地接受他人的评价。

青春期的孩子就这样经常"挣扎"在极度的自卑与自负交织起来的网中，表现得敏感多疑，情绪多变。有时，亲朋好友一句轻描淡写的赞扬，就可以让他们陶醉，但是一句非常随意的评价，又可能让他们如坐针毡。他们对别人评论的敏感之大、情绪感受之强，在他们的生命历程中都是独一无二的。

对于这样的孩子，父母通常都会觉得他们不可理喻：为什么孩子会不合逻辑地轮番上演着自我陶醉、自我欣赏、自我批评、自我否定的戏码？

来自安阳的小蓟，是所有家长口中的好孩子，学习成绩不错，生活也很独立。但她的妈妈知道，她其实是个特别敏感的女孩。妈妈或者周围的任何一个人，一旦有异样的眼光就会影响她的心情，一点点的指责就能让她内心崩溃。

对此，她的妈妈非常担心，一个这样的孩子怎么能够立足社会，怎么能在未来承受那么大的社会压力呢？她妈妈给她报了很多才艺班，想通过才艺锻炼她的自信心，希望她可以做个自信的女孩。但小菡敏感多疑的性格反而给她带来了巨大的压力，她越长大越不知道如何与人相处，总是一个人偷偷地流泪，看到这一幕的母亲心痛不已。最终，小菡还是在来到我们的"青少年精英特训营"后，才彻底改变了这一切，变成了一个快乐、自信的女孩。

　　在来"青少年精英特训营"前的小菡，其表现就是青春期孩子敏感多疑、情绪多变的典型特征。在我看来，这主要是由于孩子认知方式出现偏差而导致的。青春期孩子那种以点概面、以偏概全、循环论证的认知方式让他们在认识周围的人和事物时会产生认知、归因偏差，具有这种认知方式的人一旦产生了疑惑，就会将所有的分析推理和判断都建立在自己假想的信息上，结果又会进一步验证和强化自己原来的设想，使得自己更敏感、疑心更重、情绪变化更大。

　　面对这样的孩子，父母完全不应苛责。父母应该了解，这样在自信和自卑两个极端之间游走的孩子的心理世界也绝不轻松，他们的内心体验也是激烈动荡的，他们也紧张、压力重重，因此他们更需要父母的细心呵护。而作为父母，此时应在尊重他们的基础上，与他们共同面对问题、解决问题，而不是想当然地去"要求"他们。父母要知道，所有不符合青春期孩子特点的教育方式，即便你认为自己做得再对，都是不恰当的。

爱冒险，爱探奇

到了青春期，孩子们就会遇到一些新的危险。这在父母们看来，显然是需要制止的，于是，常常发生的现象就是，父母严厉呵斥爬上屋顶的孩子，厉声责怪和陌生人交流的孩子。

父母总是担心得太多，但并没有真正去了解青春期孩子爱冒险的背后的机理。

青春期孩子的大脑正在经历着一些惊人的变化，尤其是前额皮质，这是人体大脑中调节决策和行为的重要区域，而正是这个正在发育中的前额皮质，促使青春期的孩子更爱冒险、爱探奇。

大脑的变化是青春期孩子走向成熟的必然经历，他们想要探究新鲜的事物，但未完全发育的前额皮质使他们对后果的设想不如父母那么完全，他们也许会意识到所做的事情有一定的危险性，但不会真正意识到危险的后果。

我见过一群男孩站在学校二楼的阳台上兴高采烈地讨论一部武侠片的情节。从他们的言语中，可以感受到他们对飞檐走壁的大侠的崇拜之情。当讨论到大侠一纵身可以从几层楼高跳下去时，一名男孩说："那有什么了不起，我也能跳。"

这时候旁边的孩子都纷纷起哄，说他吹牛皮。那个男孩显然不服气，他冲着旁边的孩子们说："如果我现在跳下去，你们都要叫我大侠。"说完，我还来不及制止，那个男孩就纵身跳了下去。幸好，因为不算高，男孩仅是崴了脚而已。

这个男孩的冒险行为一来是由于本身大脑发育不成熟，二来同伴们的起哄也起到了推波助澜的作用。我们不可否认，孩子们的冒险都带有一定的危险性，但这绝不是说父母就一定要做控制化的教育。

相对于孩子们的冒险行为，控制化教育的危险反而更大。父母心中一定要有个标准，那就是什么是安全、什么是可接受的风险、什么是负责任的好父母。

正确的做法是，父母既要满足孩子们爱冒险的心理，又要保障他们的安全性。也就是说，在父母可控的范围内，让孩子多一些冒险体验。因为孩子要是不去冒险，就得不到很多该有的人生经验。这样，孩子们可能就会永远用父母教导的经验来体验人生，而不是他们自己感知到的经验。

对于父母，我有一些小建议，可以让孩子在可控的范围内多尝试以下训练：探索高度，让孩子爬到可以称之为冒险但又完全可控的高度；让孩子学着掌控一些相对危险的玩具，如剪刀、刀子或沉重的锤子；接近危险的地方，如江河湖海，锻炼孩子对危险环境的敏锐度；玩摔跤、玩乐性打斗游戏，让孩子懂得攻击和合作；练速度的游戏，如骑车、滑冰；迷路和寻找方向；一个人独处；等等。

总之，我们要摒弃控制化的教育，控制化的教育其实是不适合的教育，因为父母只是告诉孩子"不能做什么"，而不是"应该做什么"。要知道，只有自信的孩子才是安全的孩子，而自信来自哪里？一定是来自"我能做什么"，而不是"我不能做什么"。这是父母要谨记的。

很傻很天真，做事不切实际

进入青春期的孩子，已经有了十来年的学习、生活以及人生经历，能够分得清善恶、好坏以及对错，于是他们面对世间万物，就会开始尝试以自己的方式去解读、思考和分析。

同时，青春期的孩子能够比以往更加敏锐地意识到自己的长处和短处，也能认识到自己和同伴有哪些不同，这引发了他们做出一番宏大事业的愿望，并且他们非常想为这个事业做出自己的贡献。

我们前面已经说过，青春期孩子的心智尚不成熟，在前面两种因素的刺激下，他们的做事方式，甚至是立下的目标宏愿，在很多父母眼中就成了很傻很天真，而且不切实际的一种表现。

在我的课堂上，有个妈妈就告诉我：她的儿子在一所重点中学读高一，以前，孩子的成绩在班里算是中上水平，好胜心强，也肯吃苦。但是进入高中以后，孩子却有了非常不切实际的想法，一天到晚幻想自己能够以一己之力改变世界，成就他人。

只是幻想也就罢了，这孩子还经常把自己关在屋里，在纸上写满自己的宏大计划，要实施的步骤。孩子的做法让妈妈非常苦恼，同时也很担心孩子好高骛远，让学习也走上弯路。

听到这位妈妈的说法，我告诉她："我很羡慕你有这样一个孩子。

他有自己的想法，并且想要通过提升自己来达成理想，他其实是一个正常发育的青春期孩子。另外，孩子能有这样的想法，说明他已经从'我'走向了'我们'，开始考虑自己和社会关系的价值，这其实是你最忽视的一个关于孩子的成长利好。"

我的话让这位妈妈一愣，再通过我的一番解释，她才最终释然。

是的，爱幻想是所有青春期孩子的共性。进入青春期的孩子真的会像哲学家一样思考，所以那些在父母眼中看起来很傻很天真的事情，都是他们的正常表现，我们完全没有理由惊慌。作为父母，我们不应扼杀孩子的梦想，即便那些梦想在我们眼中看来是那么不现实，我们只需要明白，孩子是在追寻自己的梦想就够了。

这时候，父母的角色该变一变了。孩子小的时候，不懂事，父母说什么他们就跟着学，父母做什么他们就跟着做，他们将父母的叮嘱和要求，看成和学校老师的要求一样，想着规规矩矩、恭恭敬敬地去完成。

但是现在，他们有自己的想法，有自己的思考和分析方式了，他们再也不愿意做以前那个被父母控制的孩子了。因此，父母也要明白这一点，自己的职责也该从交通管制员变成教练了。

教练怎么教学员？就是积极寻找并测试学员的兴趣，并在一个共同目标的驱使下，逐渐提高他们的能力，使其更专业、更有水平。对于孩子的想法，父母也应该予以扶持，适当纠偏，让他们始终走在和梦想最接近的道路上。

不要把孩子看成是一个问题，而要学会把孩子看成是一个机会。

渴望独立，想远离父母

孩子进入青春期，有了自己的思想，他们希望自己能够得到他人的尊重和认可，他们不再喜欢被管教、被命令、完全服从。他们已经把自己看成是一个独立的个体，他们反感父母的约束，如果真的出现了这样的情况，他们就渴望远离父母，甚至离家出走。

一个叫刘华的女孩，有一天早晨，她向妈妈要了300元钱，说是学校要交补习费，拿到钱后就急匆匆地出门了。

到了晚上6点，刘华还没回家，她的父亲着急了，打电话到学校，询问女儿的情况。结果女儿那天根本就没到学校，当天学校也根本没有要求学生交补习费。

知道情况的刘华父亲焦急万分，又是报警，又是发布寻人启事。一天后，刘华父亲才从另外一个城市的亲戚口中得到了女儿的消息。原来，刘华确实是离家出走来到了另一个城市投奔了亲戚，她之所以这样做，是因为父母对她管得太严，一心想要她学习出色，每天24小时都被安排得满满的，她完全没有自己的空间。

刘华并没打算回家，她告诉亲戚，她要过自己的生活，好好地打工赚钱。

听到这个消息，刘华的父亲才恍然大悟。原来，女儿的出走完全是自己和妻子长期以来"望女成凤"的思想造成的，是自己将女儿禁锢得太死，并没有考虑到女儿渴望独立的心理。

　　我相信很多父母都像刘华的父母一样，对自己的子女严加管教，将他们一天的生活填得满满的，不允许孩子有自己的私人时间和空间。结果，孩子并没有向我们预期的方向发展，反而滋生出了很多不必要的麻烦，最典型的就是孩子的离家出走。

　　这些事件其实已经足够给为人父母者一个警示了，那就是孩子进入青春期，意味着他们已经长大，自我意识已经极大增强，他们渴望独立，也需要独立。

　　父母要做的就是尽可能地给孩子足够的空间，在生活上，给孩子自己动脑的空间；在娱乐上，给孩子独处和想象的空间。而且，要给孩子空间，就是真正地给，而不是从旁窥伺或打探，那样其实等于没给。例如，现在有的父母生怕孩子学坏，对于孩子的任何事情都想了解清楚，结果孩子一样"怨恨"父母。

　　青春期的孩子该有一定程度的自由了，如果父母还像以前一样剥夺孩子心灵成长的空间，最终只会加深孩子的怨恨，让孩子更想远离父母，也会让孩子对周围的人和事缺乏自己独立的想法和看法。

　　所以，我们不能替孩子做主，不要忽视孩子是一个独立存在的个体。太沉重的爱往往起到的是相反的作用，因为那种爱是束缚孩子的。这就好像用一根绳子把一头牛拴在树上，牛能吃到的都是树周围的草，看到的也只是树周围的风景，对于外面的世界是完全陌生的。即便以后将它放开了，它也不能很好地适应外面的生活。

向往未来，同时畏惧未来

曾经有一个非常流行的句子，叫作"谁的青春不迷茫"。用"迷茫"这个词来形容青春期的孩子确实是再恰当不过了。

孩子进入青春期，大多都是在初中、高中生活阶段，尤其是高中时期，大多数孩子都会一定程度地厌倦学校生活，因此他们对学校的一些相关活动不感兴趣，反而是对高中之后的生活充满了好奇。他们总是幻想着自己会成为一个什么样的人。

但就在他们期盼未来的同时，他们也很迷茫，因为他们不知道自己将来会不会成为自己想象的样子，如果成不了，那自己又会是什么样子。

很多父母在孩子小时候就给孩子灌输未来理念："你要好好学习，将来考上××大学。"然而，这是孩子的未来观吗？不是的，孩子向往的未来不是大学校园，而是自己的未来愿景，在社会上成为一个什么样的人。

只不过，心智的不成熟让他们不能很好地把握自己的未来，不能很好地规划自己的未来，于是，他们才迷茫，才恐惧。

小佳升入高中以后，因为最好的朋友的姐姐是一名经纪人，从朋友那里得知了很多有关经纪人工作的信息，再加上自己性格外向，喜欢帮助同学、朋友处理各种事情，因此她暗暗下定决心自己以后也要做一名经纪人。

可是，经纪人怎么做？小佳并没有概念。同时，她认为自己也没有什么谈判能力，不知道这会不会影响自己以后的发展。再者，她也不知道做经纪人，自己应该培养哪些能力，应该怎样入门。

太多的问题困扰着小佳，让她对未来既期待又畏惧。

小佳的例子应该就是大多数青春期孩子的真实写照。这时候的孩子，是没有能力自己做规划的，必须要父母助力。

父母一定要打消让孩子考上××大学的念头。当然，并不是说这个念头不对，而是我们可以从发现孩子的理想入手。例如，孩子如果很想成为一名律师，那父母就可以告诉他，在成为律师之前，他应该考取一所什么样的大学。答案当然是政法大学，这样孩子就有了考取政法大学的动力。

父母要经常引导孩子拥有"我想成为什么样的人？""我该怎样度过每一天？""我能做任何事"的思想，从孩子的兴趣出发，帮助孩子做出积极、正确的选择，为将来做好准备。例如，可以与孩子讨论事业方面的兴趣，帮助他们调查、测试这些兴趣，以发现孩子真正喜欢什么，想成为什么样的人。

父母要知道，没有什么比"你没有选择"更让孩子沮丧的了。父母不要安排孩子的未来，而要让孩子自己决定未来。对于孩子的迷茫，父母首先要告诉他们其实现在没有必要弄明白整个人生。如果他们自己处理困难有些吃力，父母应该持续给他们提供建议。但这个过程中，父母应该和孩子一起，成就他们，帮扶他们，而绝不是管制他们。

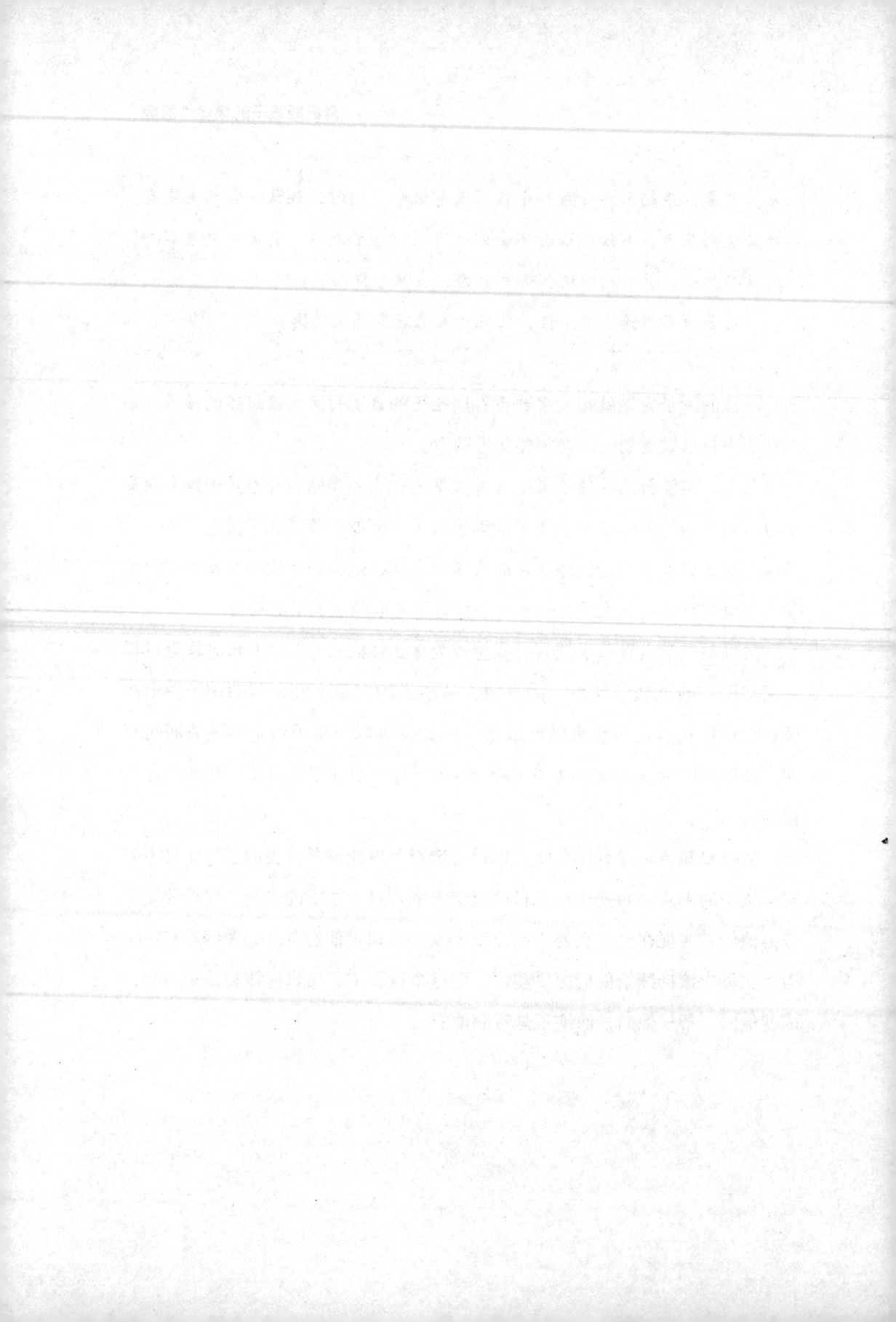

Chapter 02

读懂青春期孩子的
年龄特点

孩子从11岁开始，就进入青春期，一直到18岁，这其中的每一年，孩子都在成长，都在变化。因此，他们在不同的年龄段，其身体和行为表现也各不相同。父母是否知道青春期孩子的这些年龄特点，就成了他们能否有的放矢对孩子进行教育的关键。

11—13岁：充满朝气，自我性格纠结

11岁的孩子：时刻处于动态

11岁，是孩子从儿童向青春期过渡的中间环节，他们既未摆脱儿童的纯真，同时又期待能像成年人那样自立自强。

这个年龄的孩子，生理开始出现变化，同时引起心理上的变化。在自我照料和日常作息方面，他们还做不到规律，但他们的情绪、爱好等正在发生变化。

这个阶段，孩子叛逆的苗头已经出现，因为他们的"自我意识"已经萌芽，独立意识正在增强，孩子开始有些异样。性格会变得喜怒无常、爱冲动、易怒、有违拗性，会与兄弟姐妹争吵，偶尔也会反抗父母。

但从总体上来说，孩子在这时还是比较依赖父母的，因此父母一定要把握住这个阶段，多陪伴孩子，尽情享受和孩子在一起的欢乐时光，并且在和孩子一起时不失时机地和他讨论关于人生的有意义的话题，这对孩子的成长非常重要。例如，谈论成人的生活、谈论你们最大的冒险和失误，这是他们愿意听到的话题。

还有，和孩子谈论性也是非常有必要的，要认真解答他们在此方面的困惑，因为你不正确地回答他们的话，他们就可能自己去查，从而看到一些负面的信息。

12岁的孩子：青春期特征凸显

12岁的孩子已经进入青春期的初期阶段了，他们的身体处于急速发育中，最明显的表现就是孩子的身高有了突然的增加、体重出现了猛烈的增长，孩子的第二性征也开始显现，如男孩子的声音变粗，胡须增长，腋毛出现，生殖器官也向成熟方面发展。而女孩在发育方面还会超过男孩，她们乳房有了微微凸起，会出现一些月经的前兆，比如分泌一些白色分泌物。

这个阶段的孩子，已经基本能够照料自己的饮食起居，这大大减轻了父母的压力。许多11岁时出现的骚动情况在12岁时有了缓解，孩子们似乎更加理智，也更加积极了。

孩子的社交圈在扩大，他们喜欢与更多的人交往，并在行为和思想上很容易受到朋友的影响。他们不排斥异性，兴趣广泛，热爱集体活动，对学校的生活充满了热情，但有时候看起来热情过度。

孩子的独立意识进一步发展，并有了自我主张。他们看重自己在他人心目中的形象，注意自己的外貌和穿着，也爱穿流行的服装。

总的来说，12岁时，孩子在青春期的各项特征都开始凸显。父母在这个时候一定要密切关注孩子的变化，尽量减少孩子在生活中的不确定因素，及时给予孩子情感上的呵护，让孩子觉得父母是自己最大的依靠，这对孩子的健康成长有着极为重要的意义。这期间，父母可以多和孩子规划一些有意义的活动，在保证孩子快乐的前提下做一些适当的引导，比如做一次"安全"的探险，帮孩子完成一些青春期前没有完成的心愿。与孩子平等地谈心也是重要的一环，父母要把孩子看成是和自己一样有平等人格的人，要尽可能地找出孩子身上的优点，让孩子明白他该坚持什么不该坚持什么。

13岁的孩子：自我性格纠结

13岁的孩子同样在身高、体重上发展迅速，第二性征日益明显，两性分化。

13岁的孩子似乎和一年前完全不同，就好像在青春期的道路上踩了一脚急刹。原来的阳光、自信不见了，开始陷入一种自我纠结的状态，自负和自卑矛盾交织。

他们和父母的"代沟"正在变得明显，他们渴望独立但又依赖父母。更重要的是，他们开始有了人生第一次与人合不来的情况，也不喜欢与成年人打交道。不过，他们这时已经具备看问题的独到能力，也懂得克制自己，日常生活和作息变得有规律起来。

虽然13岁的孩子在性格上有些阴郁、悲观和隐秘，但他们的动手能力极强，尤其是男孩子，更喜欢敲敲打打，喜欢自己动手修理和制作一些东西。

针对孩子自我性格纠结的特点，父母要多鼓励，如每天对他们说些鼓励的话。如果可能，父母要多带孩子去一些他们想去的地方。父母在和孩子谈话时，要多肯定他们的长处，帮助他们发现自己的独特之处。

14—16岁：新鲜感和紧张感共存，叛逆行为凸显

14岁的孩子：精力充沛，但不稳定

14岁的男孩身高持续长高，身体可能产生异味，体毛逐渐长长；女孩的乳房明显发育，很有可能已经来了月经。

对孩子来说，14岁的年龄是充满朝气的，这一年，父母会看到孩子热爱生活的一面，他们有社交能力并变得较外向，能规划自己的学习和兴趣爱好，倾向于把自己的时间安排得过满，因为他们总是想让自己的生活变得更充实一些。

14岁的孩子有了更强的包容性，他们不再像以前一样对看不惯的事情大肆批判了。不过，他们也会越来越叛逆，而且心思敏感脆弱，遇到不好的事情也不愿意向父母诉说。

父母要注意的是，虽然14岁的孩子有诸多优点，但这一年也是孩子教育上非常关键的一年。因为14岁也被称为青春危险期，是人生重要的转折点。此时的孩子热爱与人交往，很容易早恋、打架、接触毒品等，父母一定要密切关注孩子，以免他们沾染上歪门邪道的习气。但要注意的是，父母对待孩子的态度绝不可以过于强势，父母可以和孩子一起制定一套规矩，一套条款清晰、得到孩子认可的规矩会让他们少受很多外部不良环境的影响。

15岁的孩子：冲动紧张，喜欢自治

15岁的男孩个子长高，体毛更密，肌肉增加，同时也会经历青春痘增

多、晚上11点前可能很难入睡的困境，甚至可能出现性梦。女孩子行经后，身高增长速度则开始放缓。

15岁的孩子部分已经进入高中，这就好像一条小鱼游进了一个更大的池塘，他们也许会有一种被人忽视的感觉，比以前更渴望和他人接触，更希望得到他人的认可。他们对性开始越来越感兴趣，女孩则越来越在意外貌。

15岁的孩子，已经形成了自己的价值观，独立性进一步增强，对事物有了自己明确的看法，如果父母粗暴地要求他们这样做或那样做，只会激起他们更强烈的逆反心理。因此父母应该更多地倾听孩子的想法，没有这个前提，父母是很难做到和孩子互相信任的。此时父母最重要的是放下身段，改变自己当父母的角色，和孩子像朋友一样相处，把自己最真实的想法和担忧讲给孩子听，并表示尊重他们的想法，给他们发表意见的机会，给他们尝试的机会。

这一时期的孩子增加了冲动、紧张的性格特征，不仅与父母会存在矛盾，与同学也可能出现冲突，并可能导致防卫、行为和犯罪等问题的发生。对此，父母要密切关注来自孩子朋友们的影响，要懂得帮助孩子明智地结交朋友、选择朋友，让他们弄清楚什么环境才能对他们产生积极的影响，并且帮助他们进入积极的环境。

父母对孩子还拥有否决权，但在行使否决权时一定要慎重。如果必要，就一定要及时使用，要把孩子的消极状态消灭在萌芽中。

16岁的孩子：叛逆冒险，有早恋倾向

16岁是我们常说的人生的"花季"，这个年龄段的孩子，尤其是女孩，很可能已经达到了成人的身高和身体发育程度。

这是最容易早恋的年龄，因为孩子在内心里会形成一个更高的理想状态，当他们想到未来也会像父母一样结婚、生子、工作的时候，内心就会较为悲伤，同时内心又充满了孤独，这时候他们便有寻找一个异性小伙伴的渴

望，期望可以彼此倾诉，由此产生了早恋。

再者，当他们那种内在的悲伤和孤独达到一定程度的时候，就会显得特别暴躁，然后莫名哭泣，并把这个原因归结为父母对自己的教育方式。

还有，他们在这时的"自我意识"更强，会更加在意他人怎么看待自己，可能认为"每个人都在看我"，同时又希望担当重任，因此喜欢与愿意聆听自己想法的成年人一起交谈。

随着自由程度的增加，他们的冒险行为逐渐变多，甚至会做出一些让父母觉得不可思议的事来。

16岁在青春期阶段是一个非常具有挑战和危险性的年龄，这时父母最需要的是帮助孩子树立正确的价值观，建立他们的个人行动准则，做好他们应对失败和不良后果的引导。父母要创造机会，让孩子多接触能帮他们树立正确价值观的成年人。这时候，孩子会更想远离父母，但不论怎样，即便孩子把你从身边推开，也要争取他们对你的信任，如给他们发消息、写卡片，时不时带他们出去游玩。不管孩子是不是已经开始谈恋爱，跟他们谈论情感问题都是有必要的，他们肯定有关于恋爱的观点，及时发现他们错误的恋爱观才可以及时纠正他们的错误行为。在冒险方面，父母要给他们机会，鼓励他们去体验，让他们置身于充满挑战的情形中，才能更好地激发他们的潜能。

17—18岁：独立性进一步发展，"成人感"明显

17岁的孩子：具有不平衡性，想法不切实际

17岁是人生的一个黄金期，由于性腺的发育，孩子的生殖系统和第二性征已经基本发育成熟，具有了性与生殖的能力。

这一时期可谓是孩子人生观、价值观形成的重要时期。孩子的抽象逻辑思维正从经验型向理想型急剧转化，他们能更加敏锐地意识到自己的长处和短处，以及自己和伙伴们的不同之处。他们常常对更宏大的事业产生浓厚的兴趣，并且希望自己是能实现这项宏大事业的人。

孩子的独立性进一步发展，如做事情不愿意有父母参与，不愿意让父母进入自己的房间，也不愿意向父母表达自己的想法，带有闭锁性。

这时孩子的身体虽然已经接近成人，但他们的心智相对滞后，这种身体与心智的不平衡导致他们的生理与心理、心理与社会的发展并不同步。因此我们经常能看见一个时而热情、振奋，时而冲动、易怒、脆弱的孩子，而这有可能导致孩子经受不了挫折，一次失败的考试经历就可能让他们的学习成绩直线下降。

孩子的逆反心理越来越明显，他们会越来越多地质疑权威的意见，哪怕这些意见是善意的。所以他们对父母的教育观念会持强烈的否定态度，对已成定论的事情也会投以怀疑的目光。

此期，父母教育的重点应是发现孩子的兴趣，拓展他们的能力，识别他

们的独特之处，以把孩子的潜能充分激发出来。如果发现孩子存在消极的行为，可以告诉他们"你现在的所作所为可不像你自己"，指出孩子的行为违背了自身的价值观，以此引导孩子找回正能量。对于孩子的梦想，即使不切实际，父母也不要扼杀，而是要明白，这是孩子在追寻梦想，我们要做的就是帮助、支持他们。

18岁的孩子：关注未来，积极主动

18岁，大多数孩子已经来到高三，即将告别高中生活，身体已经发育得和成人相差无几。

长期的校园生活让孩子有些许厌倦，他们一般会对学校安排的活动不感兴趣，反而迷恋于社会上的一些生活方式，同时对高中以后的生活充满了好奇。因此，他们很少有空待在家里，一有时间就和伙伴们聚在一起，并且主动想去探询外面的世界。

孩子的逆反心理有所收敛，他们已经能够尊重他人的意见，并且表现出一定的妥协，和成年人待在一起时，也比以往显得更加自在了。他们的情绪也更加稳定，但是仍然需要父母的支持和照顾。

18岁的孩子对性一如既往地充满了兴趣，他们对爱情的认知就像雾里看花，既感到好奇、神秘，又非常渴望得到。

对于这一时期的孩子，没有什么比告诉他们"你可以""你能行"更让他们欢欣鼓舞的了，因为孩子这时对人生的规划还不明朗，也会有失偏颇，父母要帮助孩子做出积极、实际的选择，为他们的未来做好准备。在孩子遇到困难时，不要急于帮孩子摆脱困境，要让他们学会自己应对，找到改正错误的方法，这对他们以后的人生之路大有裨益。

Chapter 03

"叛逆"，只是证明孩子长大了

没有哪个青春期的孩子不叛逆。面对叛逆的孩子，父母大可不必叫苦连天。父母要做的就是改变心理认知。你要知道，叛逆是孩子走向大人的过渡，这证明他在成长。因此，父母绝不能对叛逆期的孩子大加挞伐，正确的做法是理解他们，引导他们，就像大禹治水的"堵不如疏，疏不如引"一样。

孩子是社会的人，不是父母的人

"你干吗呢，不能那样。"

"你听妈妈的，保证没错。"

"我也是为了你好，要考上清华、北大你就得把这份试卷做完。"

"等你长大了就知道父母为你付出多少了。"

这些话语听起来是不是很耳熟。我觉得这就是很多父母惯常对待孩子的态度，因为他们从心底把孩子当成是自己的附属品，是自己的"私产"，想当然地认为孩子就该按照自己的意愿来做，听自己的话。

可是，父母有没有观察过，当我们向孩子说出这些话时，孩子的表现是怎样的，是不是嗤之以鼻，或者是默不作声？这说明什么，说明孩子并不接受这一套。

小哲在来我的培训课堂之前，他的妈妈经常带着他去小区的书苑换书，而且会指定小哲要看什么什么样的书，一旦小哲有不满的情绪，他妈妈就会在大庭广众之下对他大吼："这些书你看也得看，不看也得看，你一定要按照我给你选择的方式走，不然你怎么会有出息。"而小哲呢，经常是一声不吭，就好像一尊木偶一样。尽管他妈妈领着他来来回回，他也没什么表情。

后来小哲妈妈带着他来到我的课堂，跟我说了这个事情，我忍不住问她："小哲平时和您说话多吗？"小哲妈妈摇了摇头，叹了口气。我对她说："您给过孩子选择权吗？您可以放手让他选择自己喜欢的书。"谁知小哲妈妈一听就跟我大喊起来："我是他妈妈呀，我这都是为了他好。再说，我比他多出来几十年的人生经验，我不替他选，也太不负责了吧。"

我想说的是，父母把孩子管得太紧，才是对孩子的不负责。做父母的一定要转变思想，孩子从出生那一刻起，就是社会的人了，他应该在社会中历练，而不是所有的选择都由父母包办。

孩子和父母一样是独立的个体，尤其是在青春期，孩子的自我意识已经在逐渐增强，父母的管教一不小心就会成为扼杀他们自我意识的一把"刀"，一些孩子就是在这样的枷锁下被深深禁锢了思想和发展的自由。我常说，听话的孩子省心15年，操心一辈子，也是这个道理。

理想的教育是父母应该和孩子彼此尊重，而不是刻意地去制造一种阶级关系。父母不应该是单纯的命令者，青春期的孩子也不应该是完全被动的执行者。

有一位妈妈在儿子上高中后，得知儿子谈恋爱后非常着急。有一回，儿子出门后她想方设法打开了儿子的抽屉，翻看了儿子的笔记本。才看了一页，就看到儿子在笔记本中写了这么一句话："妈妈，我猜到您一定会来看我的笔记本，我瞧不起您，我的烦恼是我自己的事，您不必管我。"这位妈妈才意识到，自己低估了孩子的能力，不应该不尊重孩子。

的确，父母是到了应该转变思想的时候了。趁早收起命令式的管教态度吧，学会改变角色，让孩子说出自己心中的真实所想，并从孩子的角度帮助他，这才是为人父母者应该做的事。因为把孩子看成社会的人，在尊重孩子的基础上去爱他，才会让孩子成为真正的自己。事事替孩子做主，把孩子看成自己的人，只会让孩子渐渐失去自己，而这正是青春期教育最大的失败。

客观看待孩子的个性，勿要矫枉过正

有的青春期的孩子非常在意自己在他人心中的形象，也喜欢追逐时尚潮流，爱耍酷，爱标新立异，崇尚另类打扮，以此来彰显自己的个性。

不少父母可能都对孩子的这类行为感到头疼，怎么教、怎么管完全没有概念，因为从父母自身来看，毕竟自己小的时候很少经历这样的事情。

有的父母只是一味地制止孩子的行为，久而久之，胆大的孩子依然我行我素；胆小的孩子可能在面对父母时收敛一些，离开父母后还是照常。总之，他们就是不吃父母的那一套，你制止你的，我崇尚我的。

实际上，要想解决孩子个性张扬的问题，一方面得从根源上入手，只有找到孩子个性张扬的心理原因，才能对症下药；另一方面，父母也应该注意到，孩子标新立异、个性张扬，不也是孩子创造力的一种体现吗？他们有着不拘一格、敢于突破传统的理念，这对发挥孩子的特长和潜能也是有好处的。所以，父母如果不问缘由，采用"一刀切"的方式来教育管制孩子，结果往往都是矫枉过正的。

首先，父母应该认同孩子的个性，而不是妄加指责。青春期的孩子本身就是叛逆的，父母越是指责孩子，就越可能激起孩子内心的不满和行为的反抗。父母只有先站在认同他们的个性的基础上，才能进行后续的引导，从而让孩子做出改变。

菲菲的妈妈有一天出差回来看到自己的女儿简直大变样，不但染了头发，还打了耳洞，穿着一条满是破洞的牛仔裤，而且还洋洋得意地问她自己的打扮好不好看。

虽然菲菲妈妈很反感女儿的穿着打扮，但还是假装欣赏了一番，告诉女儿有个性，造型别致，也很时髦。这让女儿很吃惊，原本她以为妈妈会数落她一顿的。接着妈妈告诉她："不过呢，你这样，学校允许吗？会不会把你看成是另类呢？"菲菲想了很久，终于说道："我觉得老师肯定会批评我的，算了，我还是不这样穿了吧。"

菲菲妈妈的做法就有可取之处，父母大可不必一上来就痛加挞伐，先认同，再晓以利弊，让孩子更容易接受。

其次，父母可以在尊重孩子个性的同时注意对孩子的引导。父母和孩子因为生活的年代不同，审美肯定也有所不同，父母认为不合时宜的，或许正是现在孩子这一群体中最流行的。所以，一旦发现孩子穿异装、穿潮服，也不要一上来就完全否定批判，不妨先采用一种忽视的态度，因为忽视，孩子就不会和父母硬碰硬，而此时适当加以引导，就可能让孩子乐意接受你的提议。当然，在这个引导的过程中，父母要能让孩子正确看待"个性"的含义，让他们明白标新立异并不是个性的唯一代名词。

最后，父母要引导孩子明白什么是真正的个性。真正的个性其实并不是以外在穿着打扮来呈现的，因为世界上的每个人本身都是不同的，这一点不需要我们特意从穿着打扮上来显现。真正的个性应是由内而外彰显的。一个有自己的思想、能够独立思考的人表现出来的个性才是自然不做作的。

如何才能打破关系僵局

青春期作为走向成熟的一个重要时期，孩子们对来自父母的压力有着更多的反思，有意无意的叛逆都是孩子的正常表现。

虽然说孩子叛逆是正常的，但父母对此却是较为苦恼。有很多父母都很无奈，以往对自己无话不说的孩子，现在不愿意和自己说话了，甚至自己一说话，他们要么沉默，要么反驳，亲子关系变得越来越僵。

那么，父母该如何打破这种僵局，改善和孩子的亲子关系呢?

我们从一个案例入手来看这个问题。

> 一洋晚自习回到家里，发现从同学那儿借来的电子琴支架塌了。要说这也不是什么大不了的事，用螺丝刀将电子琴支架固定一下就可以了。但是一洋却把气撒到了弟弟头上，对着弟弟一顿乱吼。
>
> 妈妈听见了，过来对着一洋说："你干吗呢，支架坏了我给你调整就好了，弟弟不过是不小心，妈妈以后会管着他的。"没想到一洋说："你管他，我看你宠他还来不及呢。"
>
> 妈妈不想和一洋升级矛盾，说："好了，今天的事情就到这儿吧，咱们稍后再沟通。"没想到一洋一转身走进房间，砰的一声将门关上，大吼道："从此以后，我没有你这个妈妈。"
>
> 当天夜里，一洋妈妈做了很好的反思，并拟好了化解冲突的对策。

第二天早晨，一洋出门时，妈妈也借口说要到小区的花园里走一走，顺便问一洋："要我将电子琴送到学校吗？"一洋直截了当地说："我中午自己回来拿。"

妈妈看到一洋说话，觉得气氛已经有所缓和。出电梯时，又对一洋说："我中午要做你的饭吗？"一洋："不要。"妈妈并不放弃，由于当晚一洋会在学校演出，又问："我们晚上去看你的表演吧。"一洋回道："随便。"

妈妈故意装作没听清楚，跑上去问："我刚才没听清，想确认一下你刚才说了什么。"一洋无可奈何地摇了摇头。妈妈又说："一日之计在于晨，我希望我们一天的心情都是快乐的，而不是彼此消耗，希望我们能保持亲密的亲子关系，有说有笑，有打有闹。"说完，妈妈冲一洋做了一个怪模样。一洋瞬间被逗笑了，马上就和妈妈说说笑笑起来。

一洋妈妈的做法很值得父母们学习，如果你与孩子之间出现了僵局，那就不妨像一洋妈妈一样，从以下几点入手来解决问题。

1.降低姿态，试着从孩子的角度来看问题

现在，采用传统、老套教育方式的父母大有人在，他们认为孩子就应该听父母的话，就应该依赖父母，殊不知孩子对此是非常抗拒的。父母应该降低姿态，试着从孩子的角度来看问题，就像保持朋友关系那样，只要不逾矩，孩子是能和父母和谐相处的。

2.心平气和，用足够的耐心来和孩子沟通

不管闹得多么不愉快，孩子做的事情多么出格，父母都应尽量保持语气平和。问题已经发生了，你动怒只会引起孩子更大的抵抗。但是如果你能心平气和，用足够的耐心来和孩子沟通，好好了解他，从而尽可能地满足他，你们的关系就可能更进一步。

3.避开矛盾点，多谈一些轻松的话题

矛盾是有的，但我们不能一直就矛盾说矛盾。不管怎么说，父母的阅历都比孩子丰富，在此情况下，不妨避开矛盾点，多谈论一些轻松的话题。这样，孩子的心里就会轻松许多，也没有那么大压力。

父母和孩子相处，用的不仅是方法，更是用心。当父母和青春期孩子闹僵以后，父母就应该主动来找突破口，不要认为一切都是孩子的错，父母也有很多地方处理得不好，要学会从自身找原因，比如是不是将表达爱的方式调整为更温和的形式，只要找到了突破口，亲子僵局也就自然而然地破解了。

放弃操控，给孩子自由的空间

在教育这个事情上，大多数父母都在犯着同样的错误，那就是总喜欢用自己的标准去衡量孩子，而且还束缚孩子的行为，并美其名曰"我是为你好"。

殊不知，随着自我意识的变化，青春期的孩子比以往任何一个阶段都渴望自由。青春期是一个人从幼稚走向成熟的过渡期，成熟的重要标志就是独立。所以青春期的孩子会无形中在自己和父母之间树起一道墙，希望自己能得到一个自由的空间，这是正确的，也是应该的。

我说过，孩子是社会的人，不是父母的人，他们是一个个体，父母过多干预只会让孩子更加缩进封闭的躯壳里，就像在《目送》中说的："我慢慢地、慢慢地了解到，所谓父女母子一场，只不过意味着，你和他的缘份就是今生今世不断地在目送他的背影渐行渐远。你站在小路的这一端，看着他逐渐消失在小路转弯的地方，而且他用背影默默告诉你不必追。"

作为父母，我们完全可以放弃操控，在孩子安全的前提下，多给孩子一些自由的空间，让他们自己学会飞翔、觅食。

1.重视自己的说话方式

作为父母，一定要重视自己的说话方式，一定不要对青春期的孩子千叮咛万嘱咐，更不要有事没事就对着孩子吼。

2.好好地和孩子沟通

其实，孩子叛逆的一个重要原因是孩子在精神方面没有得到呵护。对此，做父母的一定要警惕，切勿以为只给孩子提供物质基础就可以高枕无忧了，也许孩子更需要的是精神方面的呵护。因此，父母要走进孩子的内心世界关心他，在生活中要学会用委婉温柔的语气和孩子沟通。只有我们内心柔软，能够好好地和孩子沟通，孩子的叛逆程度才会减轻。

3.尊重孩子的秘密

青春期的孩子喜欢将自己的秘密记在日记里，对于这种私密物件，父母应该细心呵护，如果你试图通过偷窥去打破这种呵护，孩子就会对你产生信任危机。

> 王女士和丈夫只育有一个女儿，因此他们对女儿的点点滴滴都很在乎。有一次，他们发现女儿早恋了，就偷偷翻看女儿的日记，想从中找出蛛丝马迹。后来，女儿发现自己的日记被父母偷看了，便生气地对王女士说："我已经不是小孩子了，能不能让我有点儿隐私。"他们这才意识到自己做错了。

任何情况下，我们都不要想着偷窥孩子的秘密。如果你已经偷窥过而被孩子发现了，那就应该真诚地和孩子道歉，请求孩子的谅解，尽可能地去弥补先前的过失。总之，父母要谨记：你对孩子的隐私越尊重，孩子与你的距离就越近。

坚决和孩子站在一起

有人说："大凡真挚的爱，都不是头对头，而是肩并肩。"这句话也同样适用于青春期孩子的家庭教育。所谓"肩并肩"，就是无论发生了什么事情，父母都和孩子站在一起，这是父母对孩子爱的体恤、爱的表达。

然而，一句简单的"和孩子站在一起"，做起来却并不容易。因为一直以来，我们的家庭教育都受传统文化的影响，父母在孩子面前，总是有一种为人父母的优越感，总认为"身体发肤受之父母"，总认为自己在孩子面前就是权威。于是，孩子犯了错误，父母就是一味地批评指责，用"自己吃过的盐"和"孩子吃过的饭"比，用"自己走过的桥"和"孩子走过的路"比，用"权威"的方式教育孩子，结果以"爱"的名义给孩子套上了沉重的枷锁。

我一直相信，真正好的教育是要相信孩子都是向上向善的。孩子出现了问题，父母的第一要务是去理解孩子，第二是对孩子进行无痕的引导，那种粗暴指责的结果永远只会适得其反。

我们来看一看伟大的教育家陶行知先生对犯了错误的孩子的教育方法，也许可以从中得到很好的借鉴。

> 有一次，陶行知在校园里，看到一名男孩拿起砖头准备砸向另一名男孩。陶行知及时制止了这名男孩，并让男孩来到他的办公室。
>
> 男孩怀着忐忑的心情来到办公室，发现陶行知还没到，就在办公室

等他。当时，陶行知正通过知情人了解情况，因此晚到了一会儿。男孩见到陶行知，本以为会受到陶行知严厉的批评。谁料，陶行知却从口袋里掏出一颗糖递给男孩，说："这是我奖励你的，因为你很准时，比我先到。"

接着，陶行知又掏出一颗糖递给男孩，说："这也是奖励你的，因为我不让你打人，你立刻就停手了，说明你很尊重我。"

然后，陶行知再掏出一颗糖："我已经知道了，你打他是因为他欺负女生，说明你是个有正义感的男孩。"

听到这儿，男孩不由自主地哭着说："陶先生，我错了，不管怎样，我用砖头打人都是不对的。"

这时，陶行知再掏出一颗糖："你已经认识到自己的错误，我们的谈话也结束了。"

案例中，陶行知自始至终都未曾批评过男孩，但男孩却深刻认识到了自己的错误。陶行知先生读懂了孩子，把孩子当成一个平等的独立的人去对待，即使那是一个犯了错的孩子。

我们父母能不能这样做？能不能像陶行知一样和孩子站在一起？

其实，和孩子站在一起并不是护短，孩子犯了错，家长可以引导，但一定不要让孩子认为家长是在用权威压制自己。因此，父母在教育孩子时，必须让孩子感受到父母是爱他和支持他的，是他强大的后盾。

如果孩子真的犯了错，那父母就要陪他一起面对，一起承担。有了父母的信任，孩子才有力量走得更好更远。

成功的父母和教育者都有一个共同的特点，那就是"和孩子站在一起"。所以，孩子出现了什么问题不是最主要的，孩子出了问题父母应该怎么做才是最主要的。如果我们能坚守"坚决和孩子站在一起"的准则，那么所有的问题都可迎刃而解。

给孩子爱与支持，让孩子有一个安全的港湾

为人父母者一定要记得，爱与支持永远是青春期孩子最需要的资源。

爱与支持不仅是在孩子表现优秀时提供给孩子的，更应该是在孩子表现差时提供给孩子的。爱与支持不分场合，不分事情。

我记得哥伦比亚大学心理学教授彼得·弗雷德说过这么一句话："自恋的父母将关爱与不切实际的目标绑在一起，会对孩子的自我意识造成伤害。"

确实如此，大多数父母都在犯同一个错误——当孩子在某些方面成就突出时，就对孩子表示关爱；而在孩子出现失败或遇到挫折抑或表现不好时就不理不睬。这样做的结果是，孩子往往会有意无意地去取悦父母，因为那样会得到关爱。久而久之，孩子就会失去情感的归依之所，也会迷失自己。

父母真正要做的，是给予孩子无条件的爱与支持，并且永远不要和孩子的成就联系在一起。爱是什么？爱是一种心灵的意愿和行动，它既能滋养孩子，也能滋养自己。支持是什么？支持是一种赞同和鼓励，如果孩子感受不到这种赞同和鼓励，父母给孩子的爱就是苍白的。

有一位母亲曾跟我讨论过她家孩子的问题。她说："我孩子目前刚上高一，学习状态非常不好。我觉得他适应高中生活太慢了，我一直告诉他要调整自己的状态，可他就是不听。几个月过去了，还是老样子。你说我这孩子，他怎么就'叛逆'得这么厉害了？"

> 我详细问了问这位母亲，后来他告诉我："孩子的爸爸，前五年一直卧病在床，最近去世了。"
>
> 我一下子就意识到，家庭中发生了这么大的事情，孩子怎么可能一下子就走出阴影，然后像母亲期望的那样顺利适应高中生活呢？

要让孩子向好，父母首先要做的就是给孩子爱，让孩子相信在自己一路向前的时候，家是自己最安全的港湾，能够容纳自己在青春期的彷徨与不安。

后来我给那位妈妈提出了一个建议，那就是："不要再说孩子叛逆，也不要再跟孩子在学习上较劲，你要用充足的爱与支持先去抚平孩子失去父亲的巨大心理创伤。有了这个基础，其他的一切都不是事。"

只有无条件的爱，才是孩子成长的最好的后勤保障。当然，无条件的爱不是纵容、包庇孩子的错误，不是无条件地放任我们的孩子早恋、玩游戏、打架斗殴，而是接受我们的孩子的天性和他们的成长问题，去关注和理解他们。

孩子的天性包括他们的个人偏爱、才能和弱点，父母要懂得接纳，而不是无缘无故地指责。人无完人，父母不能要求孩子每样都好，只要让他们懂得扬长避短即可。接受孩子的成长问题，就是要求父母不要要求孩子像大人一样，要有适当的期望值，但不要把自己的压力投射到孩子身上。青春期的孩子是很敏感的，他们非常容易感知到你对他的期待和有没有嫌弃感，因此父母首先要有良好的自我感觉，对孩子说话做事时矫正心态，让自己能够流露出真挚的爱。关注和理解孩子包括仔细倾听孩子说话、注意他们的真实感受、理解他们的想法、对他们的需求做出回应，这意味着你可能并不赞同孩子的某个想法或做法，但你要努力地去理解他们，如果孩子真的存在偏差，再想办法引导和纠正他。

Chapter 04

没有哪个孩子不会"情窦初开"

青春期的孩子，已经产生了对异性认识与了解的强烈愿望，性成熟暗暗引导他们早恋、单恋，同时也造成了他们很多的心理困扰。这些都是正常的现象，父母完全不必惊慌。父母此时要做孩子最好的情感导师，及时、恰当地解除孩子的困惑，拨开孩子情感的疑云。

如何捕捉孩子的情感异动

早恋、性等问题，一定是很多青春期孩子父母关注的重点。

青春期的孩子，第二性征开始显现，性意识逐渐觉醒，很容易就会对异性产生好奇、爱慕、崇拜等心理，于是就有了早恋的发生。

大多数父母对孩子的早恋畏之如虎。因为早恋极有可能会导致孩子荒废学业，如果父母能及早发现孩子的早恋倾向，就有可能阻止孩子陷入早恋的旋涡。

罗慕以前对穿着打扮并不在意，放学都是按时回家，而且自己做作业、看书复习，让父母省了不少心。但是，进入高二以后，罗慕竟然频频要求父母给他买新衣服，而且索要的零花钱也越来越多。以前，他的书包都要妈妈帮忙收拾，而现在，他拒绝妈妈触碰书包，说是要自己的事情自己做。

刚开始，罗慕的妈妈还挺高兴的，认为罗慕长大了，开始注重形象了，也懂得自己照顾自己了。

没想到，仅过了几天，罗慕妈妈就接到一个女同学父亲打来的电话，说是他女儿正在和罗慕谈恋爱。罗慕妈妈这才慌了神，后悔自己没有及早察觉到罗慕的变化，才导致了这种情况的发生。

那么，我们要如何捕捉孩子的情感异动呢？我认为可从以下几个方面入手。

1.比以往更注重打扮

虽然青春期的孩子本来就有注重打扮的倾向，但如果发现孩子在一些特别的节日，如七夕、情人节、圣诞节等，变得比以往更在意自己的形象，那就有可能是他们早恋的外露表现。

2.成绩下降得比较厉害

当孩子有"意中人"或有早恋倾向时，上课就很难集中注意力，做作业也容易走神，会把太多的时间放在"意中人"身上，导致学习成绩突然下降许多。出现这种情况时，父母就要多加注意，及时询问老师，了解孩子在校的具体行为，探询孩子成绩突然下降的具体原因。

3.放学回家的时间不再固定

放学后的时间多，孩子如果有早恋倾向，大多数交流恋爱情感的行为会发生在放学后。如果以前孩子都准时回家，但突然之间变得不再准时了，问起原因来孩子也是吞吞吐吐，不肯说实话的话，那父母就应该多加注意了。

4.情绪有较大起伏

青春期的孩子因为性格还不太成熟，加上敏感多疑，若有早恋倾向，情绪的起伏也会较大。如果发现孩子仅仅是因为一个电话、一条微信就发脾气或是情绪低落，父母也应该多加注意。

综上，父母一定要多注意孩子各方面的行为，如果孩子同时出现以上几种行为，那基本可以判断孩子正在早恋了。如果仅是出现一两种上述行为，那父母就要及时探询背后的真正原因。一旦确定孩子有早恋行为，就要及时给予孩子正确有效的指导，以免孩子在情感旋涡中越陷越深。

谁来给孩子讲解恋爱观

青春期是人生的一个重要过渡时期，许多问题孩子自认为懂了，实际上却是似懂非懂。例如早恋，很多时候都是因为孩子没有正确的恋爱观，结果造成了自己荒废学业、影响他人学习等严重后果。

青春期孩子对异性产生情愫是正常的，这说明他们的心理是健康的。重要的是，父母要如何对待孩子这份朦胧的情感，如何给孩子灌输正确的恋爱观。

> 我曾经接到一位妈妈的求助电话，说她的女儿现在上高二。高一的时候，女儿谈过一个男朋友，因为发现孩子的学习成绩没怎么受影响，就没太在意。可不久，那个男孩子提出跟她女儿分手，这让她女儿十分失落，成绩下滑厉害，人也变得很颓废。再之后，令这位妈妈更无法接受的事情发生了，她女儿竟然换了男朋友。

上述事例中女生的问题，根源在哪里？就是父母没有给孩子灌输正确的恋爱观。

那么父母要给孩子讲解什么样的恋爱观，父母当中又由谁来给孩子讲解恋爱观比较合适呢？

我认为，如果是男孩子，就要由爸爸来给孩子讲；如果是女孩子，则由妈妈来讲解比较合适。因为妈妈对女孩子、爸爸对男孩子，更能站在同一角度看问题。例如妈妈就可以和女孩讲，自己当初是如何看上爸爸的，爸爸的优缺点在哪里。爸爸也可以告诉男孩子，自己当初是如何看上妈妈的，女人最重要的是什么。

在孩子早恋这件事上，父母不可盲目阻止。如果父母过分干预，恋爱双方反而会产生逆反心理。罗密欧与朱丽叶的故事想必大家都知道，罗密欧与朱丽叶彼此相爱，双方家庭却激烈反对。结果怎么样呢？罗密欧与朱丽叶并没有分开，他们反而爱得愈发坚定。

青春期孩子也一样，如果父母坚决阻止孩子的早恋，反而容易激起他们的叛逆心。所以，聪明的父母是不会这么做的，他们首先会让孩子树立正确的恋爱观，让他们自己去体会，去抉择自己应该怎么做。

父母帮助孩子树立正确的恋爱观的时间一定要早，这件事父母最好是在孩子初中时就做。这时孩子的青春期刚开始，父母要让孩子学会识别男人和女人的心思，告诉他们异性的哪些品质是最重要的、怎么做才是正确的恋爱、怎么做才能不伤害另一个人。

如果孩子已经恋爱，父母最好的教育就是给孩子讲讲父母双方之间的感情故事，讲讲爱情与家庭之间该有的责任，讲讲要怎么承担更多的家庭使命，讲讲要怎么保护对方，如何为对方建立一个殷实富足的小家庭。

如果父母发现孩子在恋爱中有一些闪光点，如学会了关心他人，有了责任心，对此父母一定要多鼓励。如果孩子沉迷于恋爱中，父母则要想办法引导孩子转移注意力，如孩子喜欢球类运动，就多带孩子打打球；喜欢画画，就多带孩子出去写生，弱化孩子恋爱的"二人空间"。

不管怎样，青春期的孩子都还小，有很多事情都是需要父母来引导的，但前提是要赢得孩子的信任，而不是让孩子觉得"爸爸（妈妈）又在打压我了"。

　　此外，对于恋爱观的灌输，中国的父母是相对忽视的。对此，父母一定要引起重视，让孩子认识到情窦初开无可厚非，但自身一定要有原则、有底线。

教会孩子正确处理异性的追求

　　青春期的孩子正处在情窦初开的时期，早恋行为较为普遍。而每一段早恋，都必然伴随着一段异性的追求史。一些天性善良和单纯的孩子，在面对异性的追求时，可能并不知道如何对待这份沉甸甸的爱。有的孩子也许真的喜欢对方，"两情相悦"走到了一起。有的孩子也许并不喜欢对方，但又怕拒绝对方让对方受到伤害，结果宁愿委屈自己，以至到了最后，自己反而成了那个被刺伤的人。

　　如果有异性追求，而对方又确实是孩子喜欢的人，父母切不可一味强硬干涉。但父母必须要让孩子知道，在学习期间，学习才是他们的第一要务。因为有太多孩子因为早恋而导致学业荒废的例子了，这些案例都可以成为父母教育孩子的事实依据。

　　再者，父母一定要激发孩子的责任感，要让他们知道，他们太小了，缺乏自力更生的能力，如果荒废了学业，就算和对方在一起，也是不可能让对方幸福的。因此，对待早恋最好的方式是互相帮助、互相学习，与其成就更好的自己，还不如成就更好的彼此。

　　如果面对不喜欢的异性追求，或者是孩子根本就没有恋爱的打算，最好的处理方式是教会孩子既要让对方感觉到自己的拒绝，又不要伤害对方。

　　雪晶的妈妈，有一段时间发现雪晶总是无精打采的。经过多方打探，又和女儿谈心，终于了解到原来班上有一个叫阿辉的孩子喜欢她，给她写了封情书。收到情书的雪晶不知所措，一直在为该怎么拒绝阿辉而烦恼。

雪晶妈妈请教我以后，让雪晶实行了一个"拖"字诀，并让雪晶给阿辉回了一封信："阿辉，我现在只想以学业为重，不想因为恋爱而影响了学习。如果你真的喜欢我，就让我们一起学习，共同进步吧。等将来我们考上了大学，到了真正可以恋爱的时候，我们再考虑自己的事情吧。"

收到信的阿辉果然没在情感上对雪晶施压，反而成了学习上的好朋友。雪晶也达到了自己的目的，"拖"到大学，以后的事情谁又能把握呢，况且自己在回信中也没有表明以后要和阿辉恋爱的意思。

所以，拒绝异性的追求，以学业为重是最真实最好的理由。父母也要提醒孩子在向对方表明自己的态度时，不能随意将他人告白的情书、鲜花等公诸于众，更不能嘲笑对方，"你配不上我"这样的话是绝对不能说的，以免伤到对方的自尊心。

如果孩子收到异性爱慕者的邀约，如春游、看电影时，则不妨让孩子约上双方共同的朋友一起参与，这样也算是委婉表达了对对方的拒绝之意，更不至于让对方有"约不来"的尴尬。

如果追求的一方无理纠缠，或是受到了言语威胁，这时父母就一定要挺身而出了，要鼓励孩子严辞拒绝对方，保护孩子不受到伤害。必要的时候，也可以把这件事情告诉对方家长或老师，让他们做好对方的思想工作，让对方认识到自己正在给他人造成伤害和困扰，并加以改正。

端正心态，走出单恋旋涡

　　青春期是孩子对异性开始萌生好感的关键期。在这个时期，大部分孩子都有对异性的钟情妄想症，也就是单恋。

　　在我的"青少年精英特训营"中，一个女孩儿讲了她自己离家出走的故事：

　　"高一的时候，我们班里转来一个高个子男生，我对他的印象非常好，暗暗地就喜欢上了他。以前他每次经过我的座位时，总会把手按在我的桌子上，对着我微笑，这让我觉得特别温暖。

　　那个男生在和我聊天时，总是喜欢问我一些难题。我的成绩在班上本来就不错，每次我都会想办法帮他解决。而解决以后，他都会给我一些小东西，一来二往，我就认为他也喜欢我。

　　有一次放假，那个男生去了西藏，买了几个特别的手串回来，还送了我一个，我就以为这是他给我的定情信物。

　　可是，就在我对他的好感与日俱增时，我却发现他更爱和班上另外一个女孩在一起，他们时而打闹，时而嬉笑，这让我非常伤心，干脆也不上学，也不回家了。"

　　女孩的情况就是典型的单恋。可以说，青春期的孩子，尤其是女孩，很多都有过这种情况，只是程度的轻重不同而已。

单恋，即偷偷地喜欢对方，见不得对方与别的异性交往，但自己又羞于向对方表白，一直将这份情感埋藏在心里，一旦精神上受到了打击，有的孩子就不能坦然面对现实。

单恋是苦涩的。苏联教育家苏霍姆林斯基说："教育要善于把握分寸，要有敏锐、体贴入微的态度，以便让爱情作为一种高尚的珍贵情态，进入成长一代的年轻一代的精神生活中去。"因此，对待孩子的单恋，父母也要有正确的态度，绝不能对孩子嘲笑、讥讽，要试着去理解他们，帮助他们走出单恋的旋涡。

1.引导孩子正确看待单恋

当父母发现孩子存在单恋的情况时，要告诉孩子："你现在是青春期了，对异性有好感是正常的现象，这是你身心正常发育的结果。你对异性有好感没有错，但你错就错在没有把握好这个度，一旦超出了这个度，你就变成了想入非非，自寻烦恼了。如果你觉得对方很优秀，那你就应该努力提升自己，让自己变得和对方一样优秀，这才是你应有的态度。"

2.了解孩子单恋的原因

我一直强调不能单看孩子出现的问题的表面，父母一定要深入问题根源，找到孩子发生问题的真正原因，这样才能真正将问题解决。就像孩子单恋，他之所以喜欢对方，一定是对方有一些特质吸引了他，父母可以心平气和地询问孩子："你喜欢对方的哪些方面？"如果是好的地方，那就让孩子把精力放在提升自我上，因为只有自己优秀了，才有机会和对方并肩站在一起。哪怕将来有一天孩子没有如愿以偿，但至少也让孩子懂得了能找到更优秀的另一半的道理。

如果是不符常理的原因，父母就要告诉孩子："这只是产生在你自己感觉上的爱恋，并不是真正的爱情，你不要总是依赖自己的感觉，免得自己受到伤害。

3.教会孩子理智、客观地衡量感情

当孩子陷在单恋的泥潭中无法自拔时，父母一定要教会孩子理智、客观地衡量感情，要让孩子全面地去认识对方。人无完人，一个人再完美也是有缺点的，要让孩子学会客观地看待对方的优缺点，不要一味地付出自己的感情。

4.让孩子多与他人接触

孩子如果陷入单恋，就会满脑子地幻想着只和这个人在一起。父母要想帮助孩子，就一定要让他们多与其他人接触，让他们从自我封闭的圈子中走出来。通过交往，孩子能认识更多知心的朋友，这样就可以从一定程度上缓解单恋带来的苦恼了。

理解孩子失恋的内心痛苦

失恋在每个人看来都是很沉重的话题，没有人不觉得失恋是痛苦的。青春期的孩子情欲才刚刚萌动，恋爱观也不成熟，如果遭受失恋，那种痛苦甚至比成年人还要严重。

因为青春期是一个对感情充满向往的时期，青春期的孩子总是认为感情就要倾情付出、全力以赴、不留后路，正是这份单纯和稚嫩，让他们特别不能忍受失恋，而失恋造成的后果也是千差万别，但无一不让父母揪心。

有一个男孩子也曾经在我的课上给我讲过一个自己的故事：

他说："我现在读高二，失恋让我万分痛苦，根本没有心情去学习。我和我的女友是初中同学，还是同桌，她和我同年同月同日生，因为这些原因，我们觉得彼此特别有缘分。

整个初中期间，她对我都非常照顾。那三年，我们上学、放学几乎都是结伴而行的，我和她之间似乎总有谈不完的话题。

初中毕业以后，我们考上了不同的高中，不过还是在同一个地区，我们之间的感情就很自然地转变成了恋情。

可是，这段幸福并没有持续多久。高一结束时，女友就告诉我，说她喜欢上了他们班上的一个男生，还说她是不想欺骗我，才把实情告诉我的。我听到以后特别难过，我怎么都想不明白。分手后，她的一举一

> 动、一颦一笑，她对我说过的每一句话，都久久地萦绕在我心头，让我回味无穷。这种滋味让我特别难受，每天都处在极度的煎熬中，我不想活下去了。"

我见过太多因为失恋而迷失自我的青春期孩子。其实怎么处理孩子的失恋问题也是很多父母心中的一大难题。有不少父母在发现孩子失恋后，可能只知道劝慰孩子把心思放回学习上，但这样往往难以奏效。因为他们不知道孩子失恋的痛苦是长期且强烈的。

那家长应该怎么做呢？

1.接受现实，不因早恋而责备孩子

有失恋，必然就有早恋。有的家长看到孩子失恋了，才意识到孩子已经经历了一段早恋，这时候往往就会责备孩子不务正业。例如，有的家长就对我说："孩子现在正是学习的时候，我绝对接受不了孩子任何情况的早恋"。其实对现在的青春期孩子来说，恋爱已经不是什么新鲜事了，父母也该与时俱进，如果把早恋看成禁忌，只会让父母一叶障目，不见真相。有的孩子因为知道父母会强烈反对自己早恋，所以不愿意让父母看出端倪，因此就算失恋了也不会告诉父母，等他彻底扛不住了，就会溃不成军，这反而对自身的成长不利。所以，面对孩子早恋，父母切不可过分责备孩子，要给孩子一个爱的环境，孩子痛苦，父母就要替他找原因，分析情况。

2.不用自己的价值观来点评孩子的爱

面对孩子失恋，有的父母可能心中还会窃喜，并且告诉孩子"分手是对的，这样你们就不会影响彼此的学习了""到了大学时，你会遇到更好的"等等话语。父母要知道，青春期孩子失恋的痛苦是大于成人的，因为他们心中没有防线，他们爱的全心全意，这时家长就不要用自己的价值观来点评孩子的感情了，话不投机半句多，这只会让孩子更加反感。

3.理解、鼓励和支持孩子

孩子失恋了，父母要理解孩子的痛苦，同时要耐心地陪伴孩子，给孩子最大的支持和鼓励。要让孩子认识到，初恋是美好的，失恋是痛苦的，但这是大多数人都会经历的一个过程，只要我们变得足够优秀，全身心地投入到学习中去，美好的感情也更加值得期待。

同时，父母要告诉孩子你想帮他的忙，和孩子一起分享你想到的方法，比如出去散散心，解解难题，但不要强求孩子听从你的安排。只要孩子有了转变，父母就要相信他们能够自己应对这一切。

该怎样与孩子谈论性

性，对很多父母来说都是与孩子沟通的禁区，是讳莫如深的话题。人们经常提到的一个段子就是：孩子小时候一般都会问父母自己是从哪里来的，父母常用"你是从垃圾堆里捡来的""从别人家抱过来的"等回答来搪塞孩子。这样的话，孩子的性教育从一开始就是缺失的。

孩子到了青春期，第二性征越来越明显，性别意识加强，有了性冲动，如果父母还不能和孩子正确地谈论性问题，反而会让孩子在情感上受到伤害。

幸好，已经有越来越多的父母意识到了对孩子进行性教育的必要性。只不过由于没有接受过必要的培训，根本不知道从何谈起。

> 婷婷已经15岁了，她的妈妈也想对她进行性教育。只不过，一谈起这个话题孩子就会跑开，而且由于涉及身体部位，妈妈也感觉难以启齿。婷婷妈妈因此感叹："看来要向孩子进行性教育，也不是一件容易的事。"

其实很多父母都会有这样的困扰。一般来讲，孩子本身对性话题就很敏感，再加上父母以往对性话题的回避态度也让孩子认为性是跟"不好""坏"联系在一起的。尽管在发育过程中，他们遇到了很多困惑，但也不愿意去接受父母的指导，生怕父母也把自己当成了坏孩子。

对于孩子在青春期的这种心理，父母应该给予充分的理解和尊重。在对孩子进行性教育时，一定要采用孩子能够接受的方式。

1.对孩子进行性教育一定要及时

每一个青春期的孩子，内心都是渴望了解性的，他们也需要相应的性教育。当孩子的性知识还是空白的时候，父母第一次涂上去的颜色至关重要。如果父母不能给予孩子相应的良好的性知识，孩子就有可能通过不良网站或是其他渠道去获取，那些不健康的性知识就可能扭曲孩子的性意识、性观念。

其实，对孩子进行性教育并不复杂。现在很多科普性的网站、书籍都可以帮助孩子了解性。父母可以买一些相关的书籍，放在家中显眼的地方，让孩子主动阅读，这样既避免了双方的尴尬，又能让孩子及时了解相应的知识。

2.不要忽视对孩子身体的观察和给予相应的指导

通常，科普网站、书本教给孩子的都是一些常识性的知识，而由于个体发展的原因，有些问题是书本、网站上无法回答的。例如，孩子的身体发育情况，因为青春期的孩子不能做出正确的判断，因而会给他们的心理造成困扰。对此，父母要了解孩子的身体发育情况，为孩子进行相关问题解答，指导他们正确处理这些问题。

父母与孩子一起洗澡，就是一个非常好的观察和教育的机会。

3.不等待发问，主动和孩子沟通

对于性，父母不要等到孩子专门问起时才给予解答，有时利用身边或社会上发生的一些事件就可以和孩子聊开话题。在谈论的过程中，父母要适时地向孩子阐述自己的看法，让孩子多掌握一些相关的知识，才能让孩子在遇到问题时正确面对。

Chapter 05

陷身网络
的孩子

　　青春期孩子的自制力相对较差，丰富多彩的网络世界、手机游戏极易使他们陷身其中，一旦陷身，父母也是如临大敌，于是想方设法地将孩子与网络隔离。其实，并非孩子完全不能接触网络，而是应该帮助孩子了解怎么与网络接触。父母如果能够积极引导，网络就会成为助力孩子成长、学习的利器。

为什么青春期孩子容易有网瘾

随着现代社会的发展，互联网已经成为人们生活中不可或缺的一部分。人们可以在网络上聊天、玩游戏、看电影、交友、购物……手机、iPad、电脑等电子产品在人们的生活中随处可见，这也成为青春期孩子避不开的网络工具。

现实生活中，网络尤其深受青春期孩子的喜爱。在他们看来，网络是一个全新的世界。因为网络具有虚拟性、娱乐性和互动性，他们在其中可以匿名跟不认识的人聊天、玩游戏，交流方式具有一定的自由度，所以网络对青少年很有吸引力。

而青春期的孩子内心发育普遍还不成熟，自制力较差，自我保护能力和心理防御能力都相对较弱，所以较容易沉溺其中。特别是一些在人格特征方面具有高焦虑、低自尊或者抑郁倾向的青少年，更容易产生网瘾。

小文是一名14岁的初二女生。据小文父母介绍，小文上小学的时候一直都乖巧懂事，有一定的自制能力。上中学后，家里给她配备了手机。但是从初一下学期开始，家里人就发现小文有点沉溺于玩手机，经常手机不离身，学习也心不在焉，晚上甚至不愿意睡觉，偷偷躲在被窝里玩。父母发现后，耐心劝说，与她讲道理，但并不见效果。一天，小文父母又因为劝诫小文不要经常玩手机与小文发生激烈冲突，强行夺走小文的手机。

自此，小文安定了一个月。但不久之后，小文父母发现小文的行为又开始躲躲闪闪，一进房间就锁门，而且长时间躲房间里不肯出来。父母怀疑她又在偷偷玩手机，果然，小文从同学那里借来一部手机又在偷偷玩，父母大怒，与小文发生肢体冲突。

当小文的父母找我做心理咨询的时候，他们已是非常焦虑，完全束手无策，而且和小文的关系也变得很紧张。在他们学习了青春期孩子的变化、父母的情绪管理、父母的教育方式等课程后，小文的网瘾行为得到有效管控。

小文的父母在冲突平静后，主动与小文沟通，并将手机归还小文，小文也同意将手机还给同学。小文父母与小文协商，同意她玩手机，但需要在家长的监管下玩，可以自己保管手机，但开机密码需要家长设置，双方共同商定看手机的时长。小文的学习和休息也渐渐恢复到以前的状态。小文的父母也从之前的焦虑中慢慢平静下来，他们认识到之前与孩子沟通的方式太过简单粗暴，而真正要做的是学会尊重孩子、理解孩子。

除了上述的网络带来的新鲜感和青少年心理发育不成熟等原因，家庭中亲子关系紧张、父母关系不和谐、学习压力过大等，也是促成青少年网络成瘾的原因。在现实生活中遭遇的挫折和压力，他们希望借助网络来舒缓，寻找安慰，从而逃避现实生活中的困境。

青少年网络成瘾其实是一种心理疾病，又称网络性心理障碍，具体表现为会不由自主地强迫性使用网络，玩电子游戏和软件聊天几乎占据了他们所有的时间和精力。而一旦停止上网，他们在心理和生理上可能就会出现明显的不良反应，比如抑郁或焦虑、出现行为障碍和社交问题等。

网络成瘾行为是一个发展的过程，它随着时间推移，症状会越来越严重。在初期，网瘾者可能只是渴望上网，想要寻求一种精神依赖，如果不能如愿，就会表现为烦躁、焦虑、暴躁等。到了中期，网瘾者会出现躯体的依赖，具体表现为头晕眼花、疲乏或者食欲不振等。而后期则会出现严重的心理问题，影响正常的学习生活，对现实生活失去兴趣，甚至导致暴力倾向和暴力行为等后果。

每一个事物的发展都具有双面性，网络也一样，我们在看到它的快捷性和便捷性的同时，也要看到其带来的不良影响。青春期的孩子们自我管控能力差，容易被新奇的事物迷惑双眼，难辨是非。作为家长，我们需要跟孩子们一起学习和成长，多一点关爱，少一点要求；多一点理解，少一点指责。了解孩子的内心世界，与孩子交朋友，陪伴和接纳孩子每个成长阶段的特性，直到他们慢慢地长大成人，具备独立的人格。

引导孩子把手机当成工具，而不是玩具

如今，青少年触网年龄越来越小。对于孩子们来说，手机为他们打开了一个新世界的大门，它可以拍照、聊天、玩游戏，可以帮助孩子们了解更精彩的世界。但事物的双面性也决定了手机会带来一些负面影响。由于网络上的信息很多都是虚拟的，因此无法分辨对方真实的身份、性别和年龄，这就导致一些不良信息极易诱导青少年误入歧途。

现实生活中，其实很多成人都无法抵御手机等电子产品带来的诱惑，更别说孩子了。既然手机是一把双刃剑，那应该如何引导孩子正确使用手机，并把握好一个度呢？这都是我们应该思考的问题。

暑假期间，四川绵阳一位中学生小杰天天躲在家里玩手机，什么事也不做，父母对他进行多次批评教育，然而收效甚微，不得已，父母强行没收了他的手机，并与他发生激烈冲突。不料，小杰在给父母留下一条"爸妈，永别了"的短信后，随即选择跳河自杀。

当时，幸亏闻讯赶来的交警和河边的群众抢救及时，才避免了一场悲剧的发生。

事发后，小杰的父母很是困惑，明明是为孩子的健康考虑才限制孩子玩手机，没想到孩子的反应会如此巨大，小杰的父母很是担忧。

如何引导孩子正确使用手机？首先，我们应该对手机等电子产品有正确的认知，先不要去评判你的孩子不写作业、不爱学习都是玩手机的后果，因为如果没有手机，他也可能一样不写作业，不爱学习，他同样会去找别的游戏途径。父母要做的是鼓励孩子安全合理地使用手机，把手机当作学习和生活的工具。通过生活中发生的事件告诉他们，如果正确使用，手机可以提供娱乐、知识和其他一些帮助；沉迷或者过度使用、不当使用，才会造成严重后果。

孩子使用手机的时候，父母可以教孩子了解手机的优点，让孩子通过手机学习新知识。例如手机的地图功能，父母在平时带孩子外出时，可以引导孩子使用地图查询出行方式，引导孩子通过手机软件查询附近的景点和美食，让孩子把手机里的信息和现实生活联系起来。

除了这类功能，父母还可以让孩子学着拍照、录像，了解天气预报、微信语音信息等和生活紧密联系的实用功能。父母还可以帮孩子挑选一些有教育意义的节目，甚至可以和孩子一起交流游戏，探讨有价值的信息。通过手机，建立和孩子的连接。

如果你的孩子喜欢竞技类的手机游戏，则有可能说明他心中有怒火，需要通过暴力的枪战释放心中压抑的情感；如果他喜欢不停地刷视频，则说明他内心空虚无聊，没有方向。可见，这些都是现实中满足不了的心愿在虚拟世界中被放大的写照。明白了这些，父母就会对孩子多一分理解，进一步反思在现实生活中能够带给孩子什么，能够更容易将孩子从虚拟世界拉回现实世界，并满足其需求。

理解了这些，父母可能就不会只是冷冷地规定孩子们不要玩手机，转而会在生活中尝试带给孩子更多有价值的体验，从而更深入地引导孩子把手机当作工具，而不是玩具。

提供心灵免疫力，帮助孩子远离网络诱惑

品学兼优的小飞一直是父母的骄傲，但是上初中后，小飞因为离家远，选择了住校，由于身边缺少父母的照顾和引导，小飞不知不觉间迷恋上了网络，导致成绩一落千丈，对此在外打工的父母却毫不知情。

直到有一天，老师打电话联系小飞的父母，说小飞白天上课总是哈欠连天，精神状态也不好，一番盘问，才知道小飞前一天晚上在网吧通宵上网。父母得知消息后，犹如晴天霹雳，他们想不通一向聪明懂事的儿子怎么会迷恋上网络，他们在外打工也是为了小飞能有更好的生活条件，将来考上好的大学，拥有好的人生。对他们而言，小飞就是他们的希望。

青春期的孩子正处在身心快速发育的阶段，渴望接触新事物，但如果没有成年人的正确引导，也容易走上歪路。在平时生活中，小飞的爷爷奶奶年迈，只能照顾小飞的生活起居，对于小飞的成长无法肩负起应尽的责任，更无法管教小飞。

考虑到如果放任小飞继续在网络中迷失，那后果不堪设想。小飞的父母最终决定辞掉工作，一起回老家做小生意，陪伴孩子一起成长。有了父母的陪伴，小飞也渐渐不像从前那样迷恋网络，性格也开朗起来。

像小飞这样的留守儿童，缺乏父母的陪伴，使得他们内心很渴望与人沟

通，而网络则会满足他们的这一诉求，现实和虚拟生活的反差，使得他们很容易陷入网络世界里无法自拔。还有一些父母由于对孩子的教育方式不当，导致孩子在心情烦闷时只喜欢通过网络与人交流，使得亲子关系陷入僵局。

青春期的孩子有着强烈的求知欲与好奇心，他们喜欢探索新鲜事物，而虚幻的网络世界正好满足了他们这种猎奇的心理需求。再加上青春期的孩子认知有限，既没有成熟的价值观和人生观，也没有较好的自制力，所以在网络世界中就很容易被一些不良信息吸引。因此，明智的父母一定要帮助孩子树立正确的价值观与人生观，使他们尽可能避免不良网络信息的诱惑，并减少接触网络的时间。

孩子迷恋网络的原因不尽相同，但大致原因有社交型依赖、游戏型依赖和娱乐型依赖三种。社交型依赖是指手机通讯录、微信朋友圈、QQ群等平台里有众多的好友，便捷的沟通交流方式让孩子难以割舍；游戏型依赖是指孩子们在一些网络游戏里战斗积累下来的奖励或经验让他们成就感爆棚且不愿割舍；娱乐型依赖是网络上的一些电影、音乐、短视频等让孩子爱不释手。

当家长发现孩子开始依赖网络时，应该警醒起来，最好先分析自己的孩子到底属于哪一类。如果孩子依赖网络沟通，那就应该告诉孩子直接沟通是最好的解决问题的方式，毕竟有时候文字不能正确反映当事人的情绪以及面部表情等，也容易造成误会，直接沟通也有利于培养孩子直面问题的意识；如果孩子喜欢玩网络游戏等，父母要理解玩是孩子的天性，首先要尊重孩子，但也要讲究契约精神和家庭意识，与孩子约定好玩手机的时间和场所。

日常生活中，父母要尽可能抽更多的时间陪伴孩子，教会孩子用双眼去看世界，参与到周围的环境中，比如瞭望窗外的风景，倾听鸟儿的叫声，外出散散步、爬爬山，去书店看一本喜欢的书，等等。让孩子体会到，生活中除了网络，还有很多的美好等待我们一起去发现、去探索。孩子心灵富足了，自然就不易被虚拟的网络所诱惑。

设置孩子玩游戏的时间长度

经常会有家长问到我，生活中，孩子们不可避免地会接触到电子产品和网络，有的孩子玩游戏上瘾，不让他玩，就大哭大闹，甚至将父母视作仇人。

> 朋友的儿子小磊今年上初二，疫情期间，因为都是在家上网课，小磊迷上了网络游戏，平时一有时间就投入到游戏中，有时候晚上不睡觉偷偷玩。父母发现后，对他进行多次劝说，但小磊还是我行我素，甚至还有厌学倾向，他告诉父母想去从事游戏竞技类的行业，父母百般劝说，依然不奏效。小磊还因此变得脾气暴躁，一不如意就乱发脾气，把家里闹得"鸡飞狗跳"。

小磊当前正处于青春期，小磊的父母在他刚玩游戏的时候并没有在意，使得孩子犹如脱缰的野马，在网络游戏里越陷越深，等到父母想起来管他的时候，又因为方式方法不对，使得小磊变得很叛逆，根本不服管，双方关系变得很紧张。

不管哪个时期的孩子，都离不开父母的管控，只是随着孩子长大，能力增强，父母的管控力度需要逐步减小，逐步放手。青春期的孩子，自尊心普遍都比较强，如果父母还用管教几岁孩子的方法去管教他们，肯定是不合适的。

当孩子迷恋上玩网络游戏时，父母不要一味指责孩子，而是需要冷静下来跟孩子一起分析问题，了解他们的难处和需要得到的帮助，给他们表达的机会。他们玩游戏可能是因为身边的同学也在玩，自己如果不玩就很难融入同学中；也可能是因为学习压力大，不知道怎么释放压力，需要通过虚拟的游戏来获得成就感。所以，父母需要认真倾听和观察，了解孩子玩游戏背后真实的想法，而不是一味地纠正和说教。

了解孩子的真实想法后，父母需要采取一些措施来管控孩子们玩游戏的时间。管控是指控制孩子沉迷网络的时间和频率，并不是绝对不许玩。父母可以跟孩子协商，从较长的时间中减少一点，频率降低一点，给孩子一个循序渐进的过程，引导他们逐步改善和纠正。

比如孩子提出一天要玩3个小时的游戏，父母先平复一下心中的不悦，然后问清楚为什么要玩3个小时，可以先跟他商量就玩2个小时，先不要着急减掉太多，一点点来，慢慢减。

在游戏过程中，两三个小时很快就过去了，所以要提前十几分钟提醒孩子，让他有时间准备结束，这样对于孩子来说比较容易接受。当孩子超出约定的时间后，你可以告诉他，"我看到你已经玩了2小时了，可以休息了"。如果孩子说快好了，那么你可以说"谢谢你这么爽快"，即言语间应是鼓励，而不是要求和指责，这样更容易让孩子接受。

面对青春期的孩子，我们需要用表达感谢的方式促使他们听话，一旦看到孩子结束游戏站起来的时候，我们要及时回应，鼓励孩子做得很好。如果过了一段时间，他还没有站起来，我们可以再提醒一次。多鼓励，少责备，随时关注孩子的情绪变化。当孩子感受到父母温暖的时候，也会慢慢远离网络游戏。

只要一直保持这种准则，孩子就会逐渐习惯，这对培养孩子的自控力也是有好处的，毕竟青春期的孩子自制力较差，需要父母在生活中帮助他们去遵守一些规则，养成良好的生活习惯。家长们需要保持耐心，切不可在努力一段时间后觉得没效果，就因失望而放弃，让孩子随心所欲。

提高孩子的判断力，让孩子正确甄别网友

从人类心理学发展的角度来看，青春期孩子处于"分离个体化"时期，他们成为一个独立的孩子，这个时期也就是从儿童到成年人的过渡时期。他们开始慢慢思考"我是谁"？之前他们对自己的评价大多来自老师和父母，这个时期，他们开始想要脱离父母，证明自己。

皮特·布洛斯的研究表明，青春期的孩子内心一直有着独立和依赖这对矛盾体，他们一方面想要独立，希望与父母保持一定的距离；另一方面又害怕失去与父母的连接。同时，布洛斯也提出，这个时期的孩子也会面临第二度的个体化分离，他们一边脱离与父母的共生，一边又在完成与朋辈的共生。也就是说，这个时期，与朋辈的关系反而比父母或是家庭关系更重要，他们渴望在朋辈那里获得尊重和接纳。这时候友谊和爱情在孩子的生活中越来越重要。

作为青春期孩子的父母，此时要慢慢学会从孩子生活中由主角变成配角，慢慢放手的同时要教会孩子如何与他人和社会和谐相处。此外，青春期交友也是一个大问题，特别是孩子通过虚拟网络结交的朋友，父母一定要帮助孩子提高判断力，教会孩子正确甄别网友。

14岁的琪琪最近交了一个男网友，很是聊得来，有很多不方便告诉父母和同学的事情，她觉得都可以跟网友说，因为彼此不认识，反而更

容易交心，无所不谈。琪琪的父母平时比较尊重女儿，有什么事情都会跟她商量着来，但最近她经常抱着手机，有时候还傻呵呵地笑，平时生活中有什么事也不愿意告诉他们了。

当父母发现她与男网友聊到一些"敏感话题"后，简单提醒了几次，但琪琪根本听不进去。他们害怕说多了，或者语气重了，伤了女儿的自尊心，激起她的逆反心理；不管呢，又怕女儿年纪小，对网上的东西难辨是非，受到伤害。

琪琪的父母忧心忡忡地找到我，表示他们非常担心。在了解了琪琪跟那位男网友聊的一些话题和琪琪的表现后，我安慰琪琪父母不要过分担心，因为在网络发达的今天，想要将孩子完全隔离在网络之外是不可能的。而且孩子正处在青春期，也有与异性交往的心理需求。这种情况下，我们千万不能有过激的行为，需要"冷处理"。一方面，父母可以通过"旁敲侧击"等方式，让孩子明白家长对她的行为已经有所察觉；另一方面，需要更加关心孩子的学习和生活，避免孩子感到孤独或者因为学习压力，而到网上去寻求安慰。

其实，在生活中，像琪琪这样的情况并不少见。青春期的孩子交异性网友的现象很普遍，但网络上的信息成千上万，并不是所有的信息都对孩子有益。作为家长，即使没有发现孩子交网友，也应该早预防，及时教会孩子辨别网络信息真假的能力。

在平时的生活中，父母可以向孩子讲述一些网络诈骗的经典案例，就其中出现的情景和孩子展开讨论，引导孩子认识网络的虚幻性和危险性。这种讨论可以为孩子提供演练的机会，防止孩子对网络交往的轻信和沉迷，有助于他们在发生类似事情的时候做出正确的判断。

　　同时，我们要鼓励孩子进行正常的异性交往。青春期正常的异性交往，不仅可以建立异性同学之间纯洁的友谊，还有利于双方破除"性神秘感"。当孩子们有了正常的渠道去了解异性，也就不需要想方设法去网络上寻求帮助了。

及时转移孩子的兴趣和爱好

上初一的小宇在学校不仅成绩总排年级前五名，还担任班干部，是老师和家长眼中公认的好学生。可是有一天晚上，小宇妈妈无意间发现孩子正忘我地玩网络游戏，全然不知妈妈已站在他身后。

小宇之前一直跟妈妈说用网络是要查资料，父母也很信任他，没想到看到的却是这样一幅场景，这让小宇妈妈非常生气和不解。"小宇是一个自觉性很强的孩子，平时都好好的，现在怎么会迷恋上网络游戏呢？"

而小宇则说："刚开始玩游戏的时候只是好奇，因为很多同学都在玩，想着就玩一次感受一下。这是个通关游戏，每通一个关卡就觉得很有成就感，玩了两次觉得很有意思，但比起别的经常玩的同学，我还不是他们的对手，为了通过最后的关卡，我就跟着了魔似的，天天放学就想着怎么去通关，甚至有时候上课都在想。"

有的人可能会说，小宇学习成绩这么好，为什么还有时间去迷恋网络游戏呢？其实在我国，孩子们在学校大多还是接受应试教育，学习压力大，特别是学习成绩优秀的孩子和成绩不好的孩子更甚。再加上父母过于关注学习成绩，平时跟孩子讨论的话题总是绕不开学习，导致孩子无处释放学习和生活中的压力，转而将网络游戏作为一种发泄途径，并沉浸其中。

青春期的孩子爱上网和玩网络游戏，其实也是孩子的一个兴趣爱好，只是他们把过多的时间和注意力放到了网络上。那么，及时转移孩子这种兴趣爱好，未尝不是引导孩子远离网络诱惑的一个方法。

比如说父母要引导孩子做作业，就需要很愉快地跟孩子探讨今天学习内容中有趣的部分，让孩子像玩游戏一样去解决课本中的作业和难题，至少不会枯燥，并以此来培养孩子的学习兴趣。孩子只有对学习有兴趣了，才会降低对网络的依赖。

如果孩子一时还不能把兴趣转移到学习上，那么父母可以先让孩子养成一些其他的兴趣爱好，如让他们学下棋、学击剑等。另外，安排一些娱乐活动也是可以的，如带孩子去田野里采摘，去登山，这些都能使孩子得到锻炼。

龙应台说："玩，是天地间学问的根本。"更何况孩子天性就是爱玩，只是沉迷网络制约了孩子本有的天性。父母多带孩子出去走走，不仅可以让他们有更多的时间去呼吸新鲜空气，也能让他们的精力得到充分释放。孩子在真实世界里得到了快乐，又怎么会有心思沉迷于电子产品呢？所以，父母只要多去思考，孩子就会有更多的收获！

除此以外，在日常生活中，特别是在与孩子相处的过程中，父母也要尽可能地少看手机，要以身作则，通过言传身教给孩子树立一个好榜样，和孩子一起健康快乐地成长。

Chapter 06

做好沟通，
做孩子亲密的陪伴者

似乎孩子一到了青春期，沟通就成了亲子关系中的难题。其实，这无非是孩子不再愿意接受父母权威、压制、命令式语气的一种无声的反抗。如果父母试着改变，以朋友的心态尊重、理解孩子，创造良好的家庭氛围，那么做好沟通也就是水到渠成的事了。

那些刺耳言论的背后动机

孩子一到青春期，父母就觉得孩子越来越难以沟通。比如，有的父母自认为好心好意地给孩子提供了一些建议，但孩子根本就不愿意听，多和孩子说几句，孩子就不耐烦地回你一句"烦不烦"。其实，这还是轻的，有的孩子会顶嘴，甚至说出更刺耳的话。

遇上脾气好的父母，可能对孩子说两句，事情就过去了；如果是脾气大的父母，听到这种刺耳言论时，还可能大发雷霆。每每这时，孩子也不买账，结果就是双方不欢而散。

很多父母都想不明白，原来好端端的孩子怎么就变成这样了呢？

任何事情的发生必然是有原因的。面对孩子的这些刺耳言论，父母不宜抓住不放，而是要深入孩子的内心世界，探寻孩子这些刺耳言论的背后动机。

相较于童年，青春期孩子的身体、大脑、荷尔蒙都在飞速发展，这些都使得他们在认知、行为、思想等方面发生了较大变化。

青春期的孩子开始有了独立思考和判断事物的能力，他们已经形成了自己的价值观和人生观，但是这种价值观和人生观还处在初步建立阶段，因此他们眼中的世界和父母眼中的世界是有差别的，而且青春期本来就是一个敏感、多疑、脾气暴躁的时期。

这是人生的成长过程，是父母用自己的价值观和人生观强求不来的。所以，当孩子面对父母的"管制"和"约束"时，所做出的反抗及说一些刺耳的话也就不足为怪了。

　　比如，孩子如果说"妈妈，你好烦""我好烦啊"这样的话，父母就应该予以重视，这可能不是孩子在说气话，而是孩子真实的感觉。这时，父母就要想想了，是不是自己的语气、态度、情绪有什么问题，只是自己没有察觉而已。例如，是不是自己太啰嗦，约束太多？抑或是自己没有考虑到孩子的感受？还是孩子压力太大了，遇到了什么难以解决的事情？

> 　　我亲眼见过一对母女的谈话。一名高一女生对她妈妈说："我本来不想出去玩的，但是你要我在家复习，我反而想出去玩了。"这就是青春期孩子普遍的逆反心理。可她妈妈不知情，还想让孩子听自己的，孩子生气了，就说："你那么说有用吗？我该怎么做就还是会怎么做。"

　　我知道，这孩子说的是实话，她有自己的想法，不愿意妈妈横加干涉，只不过她的妈妈没有意识到而已。如果这位妈妈站在孩子的角度，替孩子分析利弊并好好沟通，那么这次分歧本来是可以避免的。

> 　　还有一名男生的妈妈向我哭诉，说孩子以前成绩不错，近来突然就不上学了，原因是孩子认为自己说的话，在家里得不到任何人的理解。她说："孩子以前很爱表达，但是我认为他说的都是废话，并没当回事。我从来没想到，孩子说的竟然是他真实的想法，是给我们发出的信号。要是我能早点意识到，事情也不会闹成现在这样。"

　　所以，我们切不可因为孩子有了刺耳的言论就去怪罪孩子，我们最应该反思的也许是自己。综合起来，孩子说些刺耳言论，原因无非是家长的高要求孩子无法满足；被忽略、缺乏关心和爱护；经常被拿来和他人比较；受到不公平的待遇；生活环境复杂、家人吵架；父母说话语气恶劣；等等。对此，家长一定要进行深刻的反思，找出孩子刺耳言论的深层原因，自己首先做出改变，才可能让孩子也做出改变。

转换角色，停止命令式的口吻

在长期对青春期孩子进行培训的过程中，我发现很多父母都习惯于用命令式的口吻和孩子沟通。"你应该""你必须"似乎是他们的口头禅，殊不知，当你习惯了用命令式的口吻来和孩子沟通时，孩子的表现往往和你的期望背道而驰。

我们知道，青春期是孩子性格养成的重要时期，由于孩子的自我意识不断增强，他们理所当然地喜欢按自己的意愿行事，不再像以前一样事事听从家长的吩咐，而这将会成为一种常态。如果父母还不开窍，还是像以前一样喜欢用非常强硬的命令式的教育方式，那收到的效果将会是微乎其微的。

小唐从小性格就很犟，到了中学以后，更是什么事情都想自己做主。可他爸爸却不这么看，什么事情都想管着他，希望他能听自己的话，将来能够成才。

为此，当小唐爸爸每次发现小唐有做得不对的地方时，都会严令他必须改正。可小唐呢，最受不了的就是父亲这一套命令式的口吻了。因此父子俩经常为一些小事吵架，其家庭氛围很是紧张。

小唐喜欢运动，在初二时喜欢上了滑板，就想让爸爸给他买一副。爸爸答应了他，可自从有了滑板以后，小唐每天都把大量时间花在了玩滑板上，有时连作业也不写。爸爸非常生气，说："我平时怎么教你的，不是让你回家先把作业做完才能去玩滑板吗？"小唐说自己只不过是想再玩一会儿，可他爸爸坚决不同意，狠狠地说："我说做作业就做作业，哪来那么多废话，再说我把你的滑板没收了。"小唐只好很无奈地抱着滑板回家了。

很多父母都很熟悉故事中的场景。可以想象，经过这次事件，小唐对爸爸的抵触又深了一分，作业也会做得心不甘情不愿，甚至马虎交差，这是父母想要的结果吗？

青春期的孩子渴望自由，也不希望家长老是管着自己。当然，家长管制、约束都是出于好心，可是采用命令式的口吻时，往往语气是非常强硬的，态度也是非常坚决的，没有给孩子留出一点按自己意愿行事的空间，一味地要求孩子对自己言听计从，这样只会让亲子关系越来越僵。

所以，父母在和青春期的孩子沟通时，正确的做法是转换角色，停止命令式的口吻，改用商量式的语气，这样反而能取得较好的效果。

我们还是以上述小唐的事情为例，假如小唐爸爸换一种沟通方式，改为对小唐说："小唐，要不你先跟爸爸回家把作业写完了再出来玩，好吗？"如果小唐仍旧不肯回家，那么爸爸还可以跟小唐商量，"要不只玩半个小时就回家做作业"。此外，爸爸还可以告诉小唐，"完成了作业再玩滑板，才可以尽情地玩，毫无顾虑地玩"，这样的话，效果就会好很多。

再者，父母在和孩子沟通时，态度一定要温和，给孩子制造一个良好的沟通氛围，千万不能大吼大叫。这样孩子才会明白，和父母交流才可能更快更好地解决问题。

总之，父母要记住，和青春期的孩子沟通是艺术中的艺术，仅靠命令、威慑来压迫孩子是绝不可行的，我们必须采取科学的方法，必须从孩子的立场出发，用商量式的口吻，这样孩子才能信服你。

放下父母的架子，和孩子像朋友一样相处

　　我在前面的章节已经说过，孩子是社会的人，不是父母的人。青春期的孩子并不希望父母管制他、约束他。相反，如果父母能建立和孩子一样的兴趣爱好，放下身段，做到和孩子像朋友一样相处，那么一段时间之后你就会惊喜地发现，其实叛逆期的青春期孩子也很可爱。

　　在一次饭局上，我听见两个妈妈聊天。其中一个说："我真的快要被我的孩子气疯了，这不，昨天我们又吵了一架。"原来，这个妈妈每次见亲戚朋友都会说一些孩子的糗事，弄得孩子非常没有面子。昨天也是因为这个事，孩子和妈妈理论，谁也说服不了谁，就吵了起来。

　　但在吵完以后，这位妈妈也非常懊恼，后悔自己不该那样对待孩子。可每次看到孩子"无理取闹"，自己又控制不住自己。

　　然后，另一位妈妈问她："你觉得我家孩子怎么样？"那位妈妈立即说："唉，别说了，你家孩子简直太乖了，我太羡慕你了。"

　　"那是因为我没把自己当成孩子的妈妈，而是把自己当成他的朋友。"

　　听完这句话，那位妈妈愣了，赶紧向另外那位妈妈取经。

　　是的，我们每一个父母都应该放下架子，把孩子当成朋友。不要以为孩子还小不懂事，其实孩子能够清楚地感知到你是不是真的为他好。如果你交

代给孩子的都是强迫式的为他好，他会觉得你是为他好吗？

一个至理就是，父母与孩子相处，不能用强权，要懂得软硬兼施。如果你用对待朋友的心态去和他们沟通，你和孩子的心才能真正连接在一起。不然你不懂我，我不懂你，亲子关系不变僵才怪。

汪曾祺先生写过一篇文章，叫《多年父母成兄弟》，他的父亲就没有把他看成儿子，而是在生活中流露出完整的童趣，和孩子同喜同乐，对孩子信任宽容，让汪曾祺感受到了无穷的乐趣。看过这篇文章的人一定也会羡慕汪曾祺先生的家庭氛围吧。

不要以为放下架子，和孩子像朋友一样相处很难，其实挺简单的。

1.照顾孩子的感受

俗话说，"人要脸，树要皮"，不管是谁，都有羞耻心，都有面子和思想。如果父母不会照顾孩子的感受，那孩子的内心世界就会破碎，即便修复了，那些伤痕也很难抹去。像上面故事中的那位妈妈，便是没有照顾到孩子的面子，导致和孩子发生了激烈的争吵。

所以，好的父母一定要懂得照顾孩子的感受。有的孩子为什么愿意和父母沟通交流呢？就是因为他们的父母尊重他、爱他，把他看成朋友一样。

2.和孩子做朋友，不是彻底让孩子说了算

我提倡和孩子做朋友，但并不提倡事事都依孩子，对孩子包庇纵容，甚至无条件地为他奉献一切。父母一定要明确一个原则，哪些是允许的，哪些是超出范围的，要让孩子遵守这个原则，知道什么是底线。不然就成了"惯子如杀子"。

有一次我坐高铁，在列车上看到一家人，看样子像是刚刚旅游回来。因为没有买到相邻的车票，妈妈只好和女儿坐在一起，而爸爸则坐在隔了几排的位置。

列车行驶没多久，爸爸就跑过来问女儿："你怎么样，有没有晕车，要不要吃点东西？"面对爸爸的关心，女儿却相当不耐烦，大吼道："哎呀，你能不能不要这么烦。"女儿的声音很大，整个车厢中的人基本都听见了。

爸爸听到女儿这样说，阴沉着脸训斥女儿："我在关心你，你怎么可以这样和我说话呢？"女儿愣了一下，才小声说："你别生气啊。"

爸爸接着说："虽然我们平时怎么开玩笑都行。但是在该认真的场合咱们必须得认真。而且你也不要忘记了，我是你爸爸，你不能这么和我说话。"

女儿听完，红了脸。也许这时女儿已经意识到了，在一定条件下，面前的这个人不再是自己的"朋友"，而是一位严厉的长辈。

这位爸爸的处理方式就很好，守住了底线，也没有放纵孩子。父母爱孩子，就要让孩子知道什么是对的，什么是错的，对的就发扬，错的必须纠正。

3.对说过的话负责

"言必行，行必果"，父母是孩子的第一任老师，那么父母就应该对自己说过的话负责，要守信重诺，不然我们还有什么资格去教育孩子，去获得孩子的尊重呢？

4.多多鼓励、支持孩子

心理学家威廉·詹姆斯说："人类最深处的需要，就是感觉被人欣赏。"青春期的孩子也是如此，他们心里是希望父母多给他们赞赏、多鼓励和支持他们的。所以，父母一定不要吝啬自己的赞美，多鼓励孩子，少打击孩子。

不要拿自己的孩子去跟别人比

　　不知道什么时候开始，"别人家的孩子"就成了网络上的一个梗。这句话之所以能够走红，就是因为它太能引起人们的共鸣了。

　　很多父母都有这样的习惯，一旦孩子哪科学得不好了，哪里做得不够了，就会说"你看看人家××，学习多刻苦多努力""你看看人家××，做的这件事情比你做得好多了。"可是父母有没有观察过孩子听到这些话后的表现，他们是不是都是沉默的，胆子大的孩子甚至可能顶一句："你不是觉得××好吗，那你找××当孩子啊。"

　　孩子顶嘴的后果还在其次，主要是拿自己的孩子去跟别人比，这样的话说得多了，孩子有可能自己都认识不到自己的长处和短处了，也会渐渐丧失自信心，甚至对父母口中那个"别人家的孩子"产生憎恨心理，造成恶劣的同学关系和朋友关系。

　　娜娜和程程是住楼上楼下的两个孩子，他们是同班同学。娜娜天资聪颖，学习成绩一直不错。而程程呢，天资稍差，虽然在学习上也很努力，但怎么也赶不上娜娜。为此，程程的父母没少在程程面前唠叨："你看我们家什么都不比娜娜家里差，就是你比娜娜差，你为啥就不能替爸爸妈妈争一口气呢。"这样的话听得多了，程程反而一直把自己当成是一个笨孩子，结果学习成绩越来越差。

父母拿自己的孩子和别人比肯定是善意的，主要是想孩子学习别人的优点，像别人一样优秀。但父母这样比较完全没有站在孩子的角度替孩子考虑，也没有考虑到孩子个体间的差异。

我国有句老话说得很实在，叫作"人比人，气死人"。可惜，这句话却很少引起人们的重视。我们每个人都是独立的个体，别人优秀的地方，不一定我们自己就一定要优秀。实际上，我们自己也有很多地方是比别人要差的。说不定你在拿自己家孩子和别人比时，别人的父母也在拿自己的孩子和你们家孩子比呢，"你看××，他的自立能力就比你强。"你比的是成绩，他们比的是处事，这样比来比去，有什么意思？人生不是一场竞赛，连马拉松都不是，因为马拉松到最后也是要分胜负的。

美国学者戴维·刘易斯写过一本叫《教育孩子四十条》的书，其中有这么一句话"从来不对孩子说，你比别的孩子差"。任何比较都是有伤害的。每一个孩子都有自己的个性，每一个孩子都应该从自己实际的情况来发展，而绝不是做别人的复制品。

所以，我们一定要杜绝拿自己的孩子和别人比的说辞，将重心放在自己孩子身上，关注孩子的每一个微小的进步，给他们鼓励，给他们支持，让他们在自己的轨道上健康成长。人非圣贤，孰能无过。当孩子做的事情没有达到要求时，也不要急于批评或与人比较，而是应该和他一起分析问题，找出原因，以免下次再犯同样的错误。

此外，父母要根据自己孩子的特点进行有针对性的教育。例如，如果孩子天资稍差，那就教育孩子应该笨鸟先飞，用努力弥补自己的不足。当孩子有了进步时，就及时鼓励。只要孩子在尽力，父母就应该放宽心，而不要给孩子提出过高的要求。

试着把谈话的主动权交给孩子

生活中，父母可能经常会遇到下面的情况：放学回家的孩子兴冲冲地跑到妈妈面前，说："妈妈，妈妈，我告诉你一个好消息，今天……"，对此，你是笑嘻嘻地听着孩子把话讲完，还是粗暴地打断孩子"一边去，没看见我在忙吗，还不去把作业做完"，每每孩子听到这儿，是不是索然无味地走开了？

为人父母者，仔细想一想你们是否也对孩子说过类似的话，有没有耐心地听孩子把话讲完，有没有在意孩子在讲什么。要知道，青春期的孩子的自尊心是非常强的，他们也非常敏感，如果你不在意他们所说的，他们一下子就感觉到了，如果他们受到了伤害，他们通常都会选择和父母"较劲"。

所以，父母要尝试把谈话的主动权交给孩子，而自己呢，则可以做一个合格的倾听者。

1.不着急打断或否定孩子，多给他讲话的机会

飞飞今年16岁，他的妈妈每次在和飞飞交流时，都会耐心地听飞飞将话讲完。一开始，飞飞妈妈还没在意。可时间久了，飞飞妈妈发现这样的教育效果竟然非常好。飞飞有了开心的事情，第一时间就会告诉妈妈，有了烦恼也会首先向妈妈倾诉，犯了错更会主动找妈妈解释。更重

要的是，无论妈妈对飞飞讲道理，还是摆事实，他都乐于接受。母子俩的沟通非常畅快。

飞飞妈妈的教育方法之所以有效，就是因为她在飞飞讲话时，不会打断和否定飞飞。其实，每个青春期的孩子都有找人倾诉的需要，如果父母在他们讲话时多一些耐心，做个合格的倾听者，他们就可能将父母当成自己最好的倾诉对象。

在孩子倾诉时，父母还要多鼓励他们主动表达或解释。例如可以借助一些身体语言，包括眼神、手势等，暗示孩子继续讲下去，将他们的所知所想都表达出来。

2.不以忙为借口阻断与孩子的交流

孩子一来找父母说话，父母就以忙为借口拒绝的行为该摒弃了。也许有时我们真的很忙，可是停下来听孩子讲一讲又有什么关系呢？孩子就是孩子，他们需要和人交流，他们渴望被人关注，只是他们还不能理解大人的世界，不太会理解你在忙而不好打扰你。

所以，父母再忙都要抽出时间来听听孩子的事。当孩子主动来找你时，更应该放下手头的工作和孩子交流。如果实在不得空，也可以对孩子说："真的吗？爸爸（妈妈）非常愿意听你说，但是我现在有点忙，你能等爸爸（妈妈）一会儿吗？"当孩子感觉自己受到了尊重和关注时，他们也一定会理解你，并保持继续和你沟通的欲望。

3.摒弃成见，孩子的想法未必就不对

有的父母在听孩子说话时，会感觉孩子说得不对，或者不合常规。有了这样的心态，当他们在和孩子沟通时，就有一种先入为主的想法，会把孩子的话看成是"幼稚可笑"的。这样的话，孩子当然得不到理解。孩子也是人，他们也有丰富的心灵，所以父母一定要注意倾听他们的心声，站在他们

的角度咀嚼他们的话语。如果的确是孩子说得不对，也不要急于批评孩子，应该在倾听之后对孩子表达你的理解，在孩子接纳、信任你以后，再以柔和坚定的态度告诉孩子正确的观点。

时刻帮助孩子清理压力和情绪

孩子来到青春期，可能大多数父母都关注的是孩子的学业和身体情况。其实，对孩子心理的关注也同样重要，因为一个真正健康的孩子，不仅身体是健康的，心理也应是健康的。

青春期的孩子，感情的变化非常丰富，既多愁善感，又喜怒无常。同时，青春期孩子也面临着学业压力、人际压力和一些难以言说的潜在压力。这些压力和情绪如果不能及时疏导，很容易使得孩子注意力分散，精神变得萎靡，甚至影响他们正常的学习和生活。

虽然说适度的压力会激励人奋进，但过度的压力绝不是好事，如果孩子表现出紧张、愤怒、焦虑、悲观、暴躁、精神萎靡等状态，父母就要注意了，这可能是压力导致的。对此，父母要怎么帮助孩子呢？

1.多与孩子交流，帮他们找到压力根源

父母要帮孩子舒缓压力，找到压力的根源是非常重要的。不过，很多时候，孩子自己都可能不知道压力来自哪里。因此，父母要多与孩子交流，让孩子倾诉，在孩子倾诉的过程中帮助他们找到压力的根源，再对症解决。

必要时，父母可以和孩子分享自己面对同样压力时的经历，让孩子知道原来爸爸妈妈也有过类似的烦恼，这样他们就可以把父母看成是自己的"同盟军"，对父母劝解的话也会比较乐于接受。

2.允许孩子表达他们的情绪

青春期的孩子敢爱敢恨敢做，不善于隐藏，喜怒哀乐都会表现在脸上。面对青春期的孩子，父母最恰当的做法就是允许他们表达各种情绪，绝不能嘲笑、轻视孩子，更不能诋毁孩子。

想一想，如果父母对孩子说"你都这么大了，怎么还哭鼻子""你是男子汉，怎么一点都不知道坚强""遇到一点小事就垂头丧气，像什么样子"这样的话时，孩子心里会是什么感受，他们的情绪得不到排解，反而遭到父母的非议，只会让他们的情绪变得更糟。

因此，面对孩子的不良情绪，父母一定要表现得豁达大度，并予以理解，坐下来好好和孩子沟通，帮他们找出问题的所在，引导他们正确地面对自己的烦恼。

3.采用正确的方法安抚孩子

青春期的孩子，学业压力大，人际圈扩大，难免会有受委屈的时候。面对委屈，有的孩子会选择沉默，有的孩子会无理取闹，如摔门、大吼、打架，无论哪一种，都会对孩子的心理产生伤害。

那要怎么办呢？我们可以看一看下面这位妈妈的做法。

> 恒恒放学回家后，妈妈就看他一脸不高兴。妈妈问他发生了什么事，恒恒说："今天上体育课，我明明没有打强强，可老师硬说我打了他，气死我了，我不想上体育课了。"妈妈听完，对恒恒说："看来我儿子是被体育老师冤枉了，这可真是让人生气的事。不过，体育课我们还是要上的，而且还要表现得更好，让这个冤枉你的体育老师知道你的表现有多好，多么出色。"恒恒听完妈妈的话，觉得妈妈真的是为自己着想，立马就消气了，而且暗暗下定决心，一定要让体育老师刮目相看。

　　安抚孩子的委屈，恒恒妈妈的做法就很值得借鉴。对于孩子，父母绝不能问他们"你为什么这样""你怎么这样傻"，而是要尊重和理解孩子，站在孩子的立场上去看待问题，这样才能和孩子产生共鸣，也更容易说服孩子按父母的意愿去做。

Chapter 07

体察变化，帮助孩子
走出内心的不安

青春期的孩子情绪多变，对此父母一定要引起重视。要知道，如果父母不去缓解孩子的情绪，不去引导，引发的后果就可能无法想象。父母一定要密切关注孩子，多倾听孩子内心的声音，才能做到早体察，早预防。

与不希望你靠近的孩子保持距离

青春期的孩子，由于独立意识的增强，或多或少都会疏远父母。有的父母感觉以前那个和自己亲密无间的孩子似乎一眨眼就变了，心里很不理解，也无法接受。他们太想恢复以前的状态了，可事实是，父母越靠近，孩子越反感。

对于青春期的孩子，任何父母都要懂得"保持距离"的重要性，尤其对那些不希望你靠近的孩子更是如此。

我把这种保持距离的教育方式称为"界限感教育"，每一个孩子在逐渐独立时，都会自然而然地产生"界限感"思想，他们会有脱离父母、成就小我的欲求。

下面一起看一下有界限感的父母和没界限感的父母对待孩子的不同效果吧。

洋洋和朱朱是同班同学，两家人关系也不错。一个周末，两家人约上一起吃饭。

到了饭馆，由于房间里开着空调取暖，两位孩子的妈妈马上问孩子"热不热啊？"孩子们对视了一眼，都没搭妈妈的话，只是自己把外套脱了下来。

上了饭桌，洋洋妈妈不断地问洋洋"想不想吃龙虾""挤不挤啊"，这让洋洋很不好意思，私下里连连拽妈妈的衣服，可他妈妈仍然不明就里，还在问东问西，结果洋洋一生气，把筷子一摔就走了，弄得洋洋妈妈也下不来台。

而朱朱妈妈就不一样了，除了门口问了那么一句，就再也没管过朱朱，而是只跟他聊一些他感兴趣的话题，也因此，他们的家庭氛围一直都很和谐。

以前，我记得微博上有个比较火的话题叫"有一种冷叫你妈觉得你冷，有一种饿叫你妈觉得你饿"，用这些话语来调侃妈妈对自己没有界限的爱。虽然是调侃，但它也真实地反映了中国家庭中普遍存在的一种没有边界的生活。

青春期孩子想要独立，父母就应该给他们独立的空间，要有意识地和孩子保持距离。如果孩子明确表示"离我远点"，那他可能真的想你离他远点，这时就更不要打扰他了。

在成人的交往中，我们都知道不能越界，有些东西是我们不能触碰的。对于青春期孩子也是如此，我们也要尊重他们，不踩线，不越界。如果界限被破坏，他们就会本能地抗议。

和孩子保持距离，并不代表这是和孩子关系的疏离，只能说明你把孩子当成了一个有着独立人格的生命体，而不是一味依赖你的不懂事的孩子。和孩子保持距离，是给他一定的单独的物质空间和精神空间，这并不是让你不教育孩子，而是不干涉孩子的决定和行为，是观察、分析孩子，如果孩子出现了不良行为，父母还是要适当控制和严厉阻止的。

越早如此，对于孩子的成长就越有益。他们会越快成长为一个有主见、有分寸、有担当的人。就像纪伯伦说的："你的孩子，其实不是你的孩子，他们是生命对于自身渴望而诞生的孩子。"因此家长要学会克制，学会保持距离，学会和孩子有一些界限，这才是真正为孩子好。

不要逼沉闷不语的孩子说话

　　青春期孩子虽然正处于叛逆期，但个体表现却大不相同，有的孩子会和父母顶嘴抬杠，有的会疏远父母。不过，可能最让父母无奈的，就是孩子沉闷不语、一声不吭了。对这样的孩子，真是说也不是，不说也不是，打也不是，骂也不是，怎一个"没招"了得。

　　刚进入高中的贝贝，性格越来越内向。平时在班里就是一个人独来独往，不跟任何人交流，也不参加班里组织的活动。回到家里，也是把自己关在房间里，父母吃饭时叫她她才出来，吃完饭又回到房间，把门关得死死的。

　　后来，贝贝学习成绩下滑得越来越厉害，她妈妈问她情况，她却是闭着嘴一句话也不肯说。

　　另外一个孩子军军，马上就要中考了，父母都在担心他的考试。可他呢，回到家里从来不做作业，只知道打游戏，可把他父母急坏了。

　　更让军军父母不能理解的是，他们本来想好好和孩子沟通一下，可没说几句，军军转身就返回了自己的房间，还写上一个"请勿打扰"的字条贴在门上。气得父母简直无话可说。

　　青春期的孩子沉闷不语，其实很可能是家庭教育和青春期孩子的变化共同作用的结果。有这种情况的孩子一般比较胆小、自卑，再加上以前可能犯一点错误，父母要么严厉说教，要么责骂，使他们的心理不知不觉就变得封闭起来。到了青春期，这种情况就更加明显了。

对于这样的孩子，如果逼着他们讲话，反而愈加激化孩子的反抗情绪。所以，父母一定要用对方法，才能处置得当。

1.帮助孩子排解心理压力

孩子沉闷不语，一个重要的原因就是心理压力过大。作为父母，一定不要只是关注孩子的学习成绩，对他们的心理发展也要引起重视。

如果孩子的压力不能及时得到缓解，那他们就可能陷入沉闷自闭的状态。为孩子排解心理压力的方法，可以参见第六章的第六节。

2.给孩子创造健康的家庭氛围

家庭的温暖和关爱是所有孩子都需要的。冷漠的家庭的孩子大多冷漠，热情的家庭的孩子大多热情。要想孩子从沉闷不语的状态中走出来，就必须给孩子创造一个温馨和谐的家庭氛围，当孩子体察到了这一点后，他本人也会自觉地向父母敞开心扉。

要想创造温馨和谐的家庭氛围，父母可以先达成共识，如绝不在孩子面前吵架，也不对孩子实施"冷暴力"，不强迫孩子说话等，达成共识后，双方就必须遵守。

当然，要做到这一点，父母首先要做到不能斥责、批评孩子，更不要将自己的主观意识强加在孩子身上，不限制孩子的想象力和创造力，而是要把孩子当成朋友一样对待。

让自卑走开，让自信回来

自卑是人类普遍存有的现象。它是一种过多地自我否定而产生的自惭形秽的情绪体验，其主要表现为：对自己的能力、学识、品质等自身因素评价过低；心理承受能力差，经不起较大的打击；行为畏缩、瞻前顾后等。

儿童时期，大家没什么心眼，也不会比较。但是到了青春期就不一样了，孩子们随着身体和心理的不断发育成熟，逐渐意识到了自己与别人的差距，如果反差太大，自卑就产生了。另外，如果孩子不断地遭受挫折和失败，也容易产生悲观失望的情绪，面对看起来似乎无法克服的困难，就有可能怀疑自己的能力，认为自己不行，进而自卑。

> 小宇今年16岁，刚上高一。他在农村长大，后被家里送到城里来上学。在学校，看见那些每天喝牛奶、吃高档食品的同学，看着那些打扮帅气、朝气蓬勃的男生，他陡然间觉得自己比别人差了好多，深深的自卑感袭上心头。
>
> 在这种情况下，小宇迫切想要变得更强大。但他的心理已经扭曲了。他所谓的强大，不是学习成绩优异，而是逃课、打架、抽烟、喝酒，他认为只有这样他才能融入同学中。

当青春期孩子有了自卑心理后，父母如果处理不当，很容易造成像小宇这样的后果。因为自卑的人会将自己封闭在自我的范围内，并且拒绝别人的善意介入，严重者甚至会变得抑郁。

可见，自卑是青春期的大敌。想要孩子美好地度过青春期，父母就必须让孩子摒弃自卑，找回自信，在追求中完善自己。战胜自卑的心态，其实就是战胜丧失信心的自我。

1.帮助孩子认识自卑

自卑，简单来说，就是对自己的评价过低。在孩子的成长过程中，有很多情况可能导致孩子自卑。例如，别的孩子家庭和睦，而自己的家庭却满目疮痍；别的孩子有零花钱，自己的父母却好像很抠门；别的孩子成绩好，自己的成绩却一直上不去，等等。

2.寻找孩子自卑的根源

要想解决孩子的自卑问题，父母首先要帮助孩子找到自卑的根源。通过和孩子平等地沟通，让孩子谈谈觉得自己哪些地方差人一等，或是最近遭受了什么挫折。如果是孩子自身的缺陷，那就告诉孩子要正确认识自我，接纳自我，承认自己的不足，教会孩子不要拿自己的缺陷和别人比较。如果孩子是因为遭受挫折产生的自卑，父母可以多鼓励孩子，交待一些简单的事情让孩子去做，当孩子做好以后，夸赞孩子的成功，慢慢找回孩子的自信心。

3.让孩子看到自己的优秀

俗话说，"尺有所短，寸有所长""金无足赤，人无完人"，每个人都有自己的长处与短处，让孩子正确认识自己，多看自己的长处，这样慢慢就会增强自信心。当孩子认识到自己的长处以后，就要让他们积极地表现自己。要让孩子相信自己的能力与价值，如一次讲话，一次竞赛，都让孩子积极自信地去尝试，去表现，这样孩子就会惊奇地发现，原来自己也行，随之自信心就会增强。

4.经常鼓励孩子

自卑本身就是消极的自我暗示，要改变这种消极的暗示，父母可以经常对孩子说"你能行""你能做好""你很能干""你会成功的"，这样会增加孩子战胜困难与挫折的勇气和信心，结果就真的能干好。

用你的幽默感染抑郁的孩子

抑郁症，难以发觉，但伤害性极大。

有一则非常沉重的新闻：

> 2017年5月5日，一名叫李梓豪的初中学生从11楼的家中跳楼身亡。他悲痛欲绝的妈妈也跟着跳了楼。随后，人们在整理李梓豪的物品时，发现了他的遗书，遗书是这样写的：
>
> 我这一生，从来没给你们争过光，有时还老惹你们生气。希望你们不要记恨我，我只想说，能做你们的儿子，我很幸福。我要对大家说，谢谢你们一路陪伴。我走了，离开了这个世界。这不是任何人的错，一切都因为我。
>
> 遗书中透露着深沉的绝望。人们这才知道，李梓豪是一个深度抑郁症患者。

随着社会的发展，患有抑郁症的青少年逐渐增多。美国青少年抑郁症的发病率就达6%，而且已成为自然死亡的第二大原因。在我国也是，像在北上广深这样的大城市，几乎每年都会听到有孩子因为抑郁结束自己生命的事。

虽然抑郁症造成的后果不可想象，但它真的很难被察觉，尤其是青春期孩子本来就会呈现出一些独特的特质，所以这一阶段对抑郁症的识别更加困难，它就像是一个隐形的杀手，不知不觉地消磨着孩子的心智，甚至生命。

不过，虽然抑郁症难以察觉，但我们还是可以通过孩子的一些表现来进行判断，如下所示：

畏畏缩缩，与父母、兄弟、朋友很少或基本没有交流；

表情迟钝，眼中没有神采，肢体动作也很少；

没有活力，没什么生气，总感觉很疲劳；

感到绝望，觉得自己很没用，很少主动表现，很少表达自己的感受；

不快乐，不会因为那些平时感兴趣的东西而开心；

暴躁易怒，因为一点小事就可能暴跳如雷。

如果察觉到孩子有抑郁倾向，有抑郁的可能，父母就一定要注意。

1.用心聆听孩子的声音

有很多父母在教育孩子时，总是"走脑不走心"，遇到孩子的问题，第一时间不是去体察孩子的内心，而是想使用什么办法来搞定孩子，这种心态可谓非常普遍。但正是这种心态，使父母忽略了孩子内心的声音，漠视了孩子求助的信号。所以，父母一定要用心聆听，仔细观察，注意孩子的感受，并引导孩子讲出内心的真实想法。

2.用幽默感染孩子

幽默可以改善一个人的精神状态，使人的精神变得柔顺自然，避免陷入消极、虚无的封闭世界。作为父母，要尽量将自己幽默的一面展现在孩子面前，或者给孩子讲一些笑话，带上孩子去看喜剧电影，等等。现在，西方针对抑郁症甚至还有专门的幽默疗法，所以父母要积极运用这一手段，改善孩子的抑郁状况。

3.寻求专业机构的帮助

现在青少年的抑郁症，如果真的得到及时诊断、干预，还是能取得很好的效果的。很多时候一些专业人士或机构的介入，对孩子来说也是至关重要的。像我们的"青少年精英训练营"，就帮助过不少有重度抑郁的孩子，这一点我会在后面的章节里重点阐述。

学会让紧张不安的孩子放平心态

青春期的孩子，好胜心都很强，什么都想占先，这就导致他们在面对考试或是人际交往时容易出现紧张不安的情绪。适度的紧张可以刺激孩子的神经，帮助他们保持良好的状态，但如果超出一定范围，也会造成严重的不良后果。

> 周宁从小学到高中，学习成绩都在班上名列前茅，父母也对他寄予厚望，给他制定了详细的学习计划，常常告诫他要考就得考北大、清华，其他大学都不值得进。
>
> 进入高三，周宁开始有意识地向父母抱怨压力大，但父母却并未在意，仍然整天给他灌输北大、清华有多么多么好。临近高考前一周，周宁突然变得异常紧张，差不多每晚都会失眠，就在考试前一天还大病一场。结果可想而知，周宁高考发挥失常了。

周宁之所以会紧张，就是因为父母给孩子施加了太多压力，以致于孩子无法承受，结果造成了不良后果。

所以，当父母发现孩子有紧张不安的情况时，千万不能忽视。父母此时要多关注孩子的心理变化，适时地帮助他们减轻心理压力。具体来看我们有以下两种调节方法。

1.找到孩子紧张的原因，从根本上解决问题

引起孩子紧张不安的原因可能有很多，比如学业压力、父母压力、心理困惑、人际关系烦恼等。父母应该深入地和孩子沟通，找出他们紧张不安的真正原因，再有的放矢，从根本上解决问题。

阿坤一向成绩不错，初三时他还以全校第一名的成绩考入了省重点高中。可进入高中以后，阿坤才发现，比自己优秀的人太多了。高一的期中考试，他只考了全班的第20名。他很想冲到第一，为此，每晚挑灯夜战，强迫自己学习。可是呢，他却发现越强迫自己学习，反而越是学不进去，精神上总是高度紧张，还经常失眠。

爸爸及时发现了阿坤的异常，便耐心地与阿坤聊天。了解到情况后，爸爸对阿坤说："名次并不重要，爸爸也不会因为你的名次不理想就责怪你，只要你努力了，爸爸就很开心。"一席话很快就让阿坤释怀了，他也醒悟了过来，不再以名次为重，变回了原来那个自信快乐的阿坤。

阿坤爸爸的方式是值得借鉴的，他发现孩子紧张不安后，及时和孩子沟通交流，找到了原因，然后据此开导阿坤，也成功让阿坤从紧张不安的状态中走了出来。

2.给孩子心理暗示，帮他树立自信

不自信是孩子紧张不安的主要原因，例如对成绩的不自信，对人际关系的不自信等。因此，要让孩子不再紧张，那就需要父母帮他们树立自信。

心理暗示是树立自信的一种比较好的方法，父母要帮助孩子挖掘自己的优点，让孩子相信自己的能力，当孩子的自信增强了，他们的紧张不安也就慢慢消除了。

不要对敏感多疑的孩子撒谎

敏感多疑是青春期孩子的显著特征之一。他们可能表面上看上去无忧无虑，实际上非常敏感，当遇到外力的触碰时，很容易变得脆弱，甚至崩溃。这种心理与当今社会的发展趋势有着很大的关联，现在的孩子不愁吃不愁穿，除了学习以外，其他的事情基本上父母都代劳了，因为很少经历挫折和失败，加上本身又敏感，一遇到刺耳的话语或不遂心的事情，他们就会受到坏情绪的浸透而失落。

对于敏感多疑的孩子，父母一定要诚实对待。心理学上有一个著名的"瀑布效应"，说的就是这层意思。它指的是即便信息发出者的心理是平静的，但如果传递的信息使信息接收者有了不平静的心理反应，信息接收者就会出现态度、行为的变化。就好像自然界的瀑布一样，上游看起来平静无常，一旦到了一个峡谷，就会一泻千里。所以，即使是父母的一个无心之言，都可能让孩子产生猜疑。

人们在说谎时总会伴随不自然的神情和状态，不要以为孩子不会察觉。一旦他们认识到你在撒谎，他们的自尊心将会进一步被伤害，甚至陷入自卑中无法自拔。所以，父母对孩子，必须诚实以待，不要撒谎。

思思是个聪明伶俐的孩子，不仅能歌善舞，而且成绩也很好，深得老师的喜爱，在班级中还身兼学习委员一职。最近，为了筹备学校的文艺汇演，思思积极报名参加。为此，她耽误了好几节数学课，后来她也没有找同学和老师进行补习，结果在最近的一次月考中，她的数学只考了70分，这个分数与她平时的水平差距很大。

本来，成绩发下来以后，思思自己并没觉得有什么，她认为自己是为了表演落下了课程才这样的，并不代表自己的成绩就不好。可她的同学却不这么想，有的说："歌唱得好，舞跳得好，可不能代替学习成绩啊。"还有的说："这学习委员的数学成绩还没我高呢。"

面对同学们你一言我一语的说辞，思思瞬间情绪崩溃，哭着跑出了教室。

对于青春期孩子敏感多疑的性格，父母一定要想办法引导孩子从中摆脱出来。

1.增强孩子的耐挫力

吃一堑，长一智，一个人只有不断地从失败中汲取教训，才能逐渐变得坚强和勇敢。父母平时可以为青春期的孩子树立正确的人生观，让他们能够正确地看待挫折和失败。当孩子有了直面挫折和困难的勇气后，就不那么容易因为一些话语或事情而变得敏感多疑了。

2.让孩子正视自己的缺点，并勇敢克服它

哲学家卡莱尔说："人生最大的缺点，就是茫然不知道自己还有缺点。"一个人不正视自己的缺点，那是逃避现实的表现。所以，对于青春期的孩子，如果发现他们遇到了挫折（例如考试成绩不理想），父母就要帮助他们客观分析事情的起因，并找出改进的方法，再勇敢地克服它，一定要杜绝孩子为自己的失败找借口的情况发生。

3.批评孩子前，先给予尊重

有时候，孩子的敏感多疑可能是父母批评不当导致的。当父母发现孩子

不听话，或者做错了事时，千万不能用一些"你真笨"之类的贬低性的说辞进行人身攻击。在特定的情况下，这些说辞就可能严重伤害孩子的自尊心。甚至有时，父母没用贬低性的说辞，仅是一句话说重了，孩子就会有怨气。因此，父母在批评孩子时，语气一定要温和，而且可以事先给孩子一些肯定，让孩子得到一种积极的暗示和鼓励。这种春风化雨般的批评，才能使孩子和父母不再处于对立状态，也能避免孩子变得敏感多疑。

绘制情绪树，有效管理孩子情绪

　　人是情绪动物，情绪与生俱来，喜怒哀乐就是人类最常见的四种情绪。任一年龄阶段的人都是有情绪的，只不过对于青春期孩子而言，他们的情绪更多变一些。

　　情绪是需要管理的。一个爱发怒的孩子，如果不控制自己的怒气，就可能演变出非常严重的后果。一个整天唉声叹气的孩子，如果不会管理自己的情绪，也不会快乐起来。

　　父母关心孩子是理所当然的，但这并不代表要对孩子一味满足。父母需要培养孩子自己管理情绪的能力。但是做家长的常常只是对孩子糊涂地爱，在孩子的无理要求下步步退让，坚守不住原则，这样反而会害了他们。例如，父母时常都会有这样的错觉：以为孩子长大了就能自然而然地控制自己的情绪。这其实大错特错。世间有什么魔法可以在孩子们长大的一瞬间突然改变他们的缺点呢？没有这样的魔法存在，我们作为家长，不能因为怕眼前的麻烦而把这些问题全部堆积到明天。

　　我推荐一种叫Blob Tree的方式，中文名称叫情绪树。因其实用性，现在很多西方学校都常用这棵"树"去帮助孩子辨别、认识、分析自己的情绪，从而学会管理自己的情绪。

上图就是情绪树，树中的一个个小人，没有性别、年龄、种族之分，完全是中性的。

首先，父母可以让孩子指出树上的哪个小人最开心、哪个小人最悲哀，哪些小人最孤独、最愤怒等。

其次，父母可以帮助孩子认识哪些是积极的小人，哪些是消极的小人，哪些会关心别人，哪些像是警察，哪些像是带头领导，哪个会死，哪个又会犯罪等。

最后，再让孩子找出哪一个是目前的自己，他又希望自己是哪个角色，哪个最可怕，又最不愿意和哪个待在一起。

这些问题都可以激发孩子由浅入深地思考——自己应该和什么样的人交朋友，什么是快乐，又怎么样才会快乐等。

例如，如果孩子生气，就可以让他指出，他现在是树中的哪个小人，可能是正趴在地上的那个，也可能是右上角正在生闷气的那个。再问问孩子最愿意和谁交朋友，最讨厌谁，最怕谁，最喜欢谁。等一段时间后再问他，你现在又是哪个小人。

通过找"小人"的过程，大部分孩子就会发现自己因为这么点小事就生那么大的气，做了那样惹人不高兴的事，真的是很不应该。

如此一来，孩子的坏情绪就可以慢慢被化解掉，他整个人也会变得轻松许多。

利用情绪树，比单纯地用语言沟通更能解决问题。所以，这是一个非常不错的情绪管理工具，父母可以经常使用。

当然，除了情绪树，还有其他一些方法可以使用。例如让孩子自己体验不良情绪的危害。父母不妨试着让孩子参与一些丰富多彩的益智游戏，让孩子在游戏中体验不同的人和事，从而感知别人的情绪，让孩子慢慢认识到不同情绪所产生的不同影响，如乐观积极的情绪不仅使自己快乐，也会让别人感到幸福和快乐；而悲观消极的情绪只会让自己、他人痛苦，从而有意识地管理自己的不良情绪。

Chapter 08

因势利导，让孩子
爆发出惊人的学习力

进入青春期的孩子，随着自我意识的发展和身体的变化，加上学习上的压力陡增，他们在学习上或多或少都会感到有些迷茫。但这个时期，又是孩子面临的关键期，如中考、高考，所以父母一定要找到合适的办法激发孩子的学习兴趣，因势利导，让孩子爆发出惊人的学习力。

正确看待孩子的厌学心理

厌学是青春期孩子比较多见的心理现象。厌学包括对学习本身产生厌烦，也包括对进入学校、班级会表现出强烈的抵触情绪，这是学生对学习持有否定态度的一种心理反应倾向。

现在的孩子青春期厌学的现象越来越普遍。有的孩子虽然每天都去上学，每天也都在做作业，但是一提起写作业，他的表情就很厌烦，或者是一提起写作业他就先抱怨一顿，或者有的时候写作业也偷工减料，能不写的就不写，能不交的就不交。还有的孩子则干脆不去上学，把时间都花在打游戏上。另外有的孩子还会说，这个学习没用，还不如出去闯荡社会，等等。

孩子厌学的表现，除了抵触学习以外，还可能出现其他一些消极情绪，如易疲劳、焦虑、抑郁、敏感多疑等。

> 思宁今年15岁，正上初三。原本在家还挺听话的，近来就像变了个人似的，不仅不去上学，还动不动就发脾气。考试结果出来后，她各科成绩下降得都很明显。她妈妈还第一次因为这件事情被老师叫到了学校。
>
> 思宁妈妈非常苦恼。她希望思宁能够认真学习，上进起来。但问题是现在她连怎么和思宁沟通都不知道。每天看着思宁荒废学业，她就气不打一处来。

通常有厌学情绪的孩子和父母的关系也不太好，有的不爱和父母说话，当父母找他聊事情时，他就表现得特别烦燥，甚至和父母发脾气的也不在少数。

当孩子出现厌学情绪时，父母切不可一味地指责孩子、逼迫孩子学习，以免孩子出现更强的逆反心理，最后彻底失去学习的兴趣。那么，父母应该怎么做呢？

1.帮助孩子找到学习的动力

当孩子厌学时，父母不要拿那些学习好的孩子来和自己孩子比较，而要将重心放在帮助孩子摆脱内心困扰，重新激发孩子的学习动力上。

有的孩子可能以前成绩不错，只是因为某段时间突然遭遇了成绩下降，或是成绩没有提高，就使得自己不能集中精力学习了。出现这种情况时，父母就要及时给孩子以关爱和引导，避免孩子出现厌学情绪。

首先，要多和孩子沟通。父母要多倾听孩子的倾诉，了解他们的一些苦恼，还有他们抱怨的一些问题，让他们的情绪得到释放，并感觉到家长是能够理解他们的。了解了孩子的心理变化后，父母要对孩子已经出现的问题提出指导性的意见。

其次，要多鼓励孩子。有的孩子可能学习很努力，总想考个好成绩，每次考前都会比较焦虑，甚至会睡不着觉，此时父母如果说你考不好也没有关系这样的话，孩子只会更加焦虑。他们觉得家长可能放弃自己了，或者是家长对自己本来就没有信心。父母正确的做法是在学习上多鼓励和赞扬孩子，帮助孩子建立自信。

最后，要帮助孩子制订学习目标。父母要客观评价孩子的能力，然后帮助孩子制定合适的学习目标。这个目标不能好高骛远，一定要符合实际，在孩子的能力范围内，是只要孩子努力就可以实现的目标。然后，再帮孩子将目标分解，明确孩子每天、每月的学习任务，让他们通过实现小目标来增强自己的信心，使孩子重新找到学习的乐趣。

2.让孩子了解学习的本质，激发他们的学习兴趣

现在很多父母只关注学习成绩，许多孩子也只知道学习是为了考出好成绩，这显然是片面的。家长必须要让孩子明白学习是为了什么、学了又有什么用、学习需要什么样的方法。只有孩子了解了这些学习的本质，并认同这些本质，才能自发地投入到学习中去，而不用父母、老师全程进行督促。

少一些恶言，多一些慧语

在孩子的学习问题上，有的父母动不动就是"你怎么这么笨""这么简单的题都不会""你不好好学将来就只能像你爸一样当个小职员"这样的话。这些话不仅苍白无力，而且可能对孩子的心理产生伤害，对他们的学习没有丝毫助益，也会恶化亲子关系。

要让孩子学好，和孩子沟通的话语就显得至关重要。我非常希望父母能够少用一些恶言，多用一些慧语来激励孩子。

例如，我们可以采用正话反说的方法，巧用激将法，让孩子努力学习。

天天是一名高三学生，他在学校的成绩很不错，父母也对他抱有很大期望。但是，最近天天看到一些新闻，说有很多学习成绩好的人踏入社会以后反而给那些学习成绩不好的人打工，这让天天的心理产生了很大的落差，开始认为学习对人的未来其实没什么作用。

受此影响，天天的学习成绩急速下滑。父母看在眼里，急在心里。毕竟天天现在正处在高考的关键时期，不能有一丝懈怠。天天爸爸也试过和他谈心，想让他改变想法，但收效甚微，天天甚至还向爸爸表露退学的打算。

在又一次谈话中，爸爸改变了以前那种劝阻式的说话方式，故意对天天说："儿子，你肯定是因为学习的压力大，成绩没跟上，才有这种想法的，是吧。不要紧，爸爸不会怪你的。"

听到爸爸如此说，天天马上反驳说："谁说我成绩不好的？"

爸爸继续刺激天天："难道不是这样吗，不然你怎么会觉得学习没什么用，还想退学呢？"

天天又立马反驳："才不是呢，我学习能力强着呢，不信我们走着瞧。"

从那以后，天天就放弃了退学的想法，并刻苦努力一路迎难而上，学习成绩也逐渐回到了以前的水平。

这就是正话反说的效果。一般情况下，父母教育孩子都是单纯地说教，但这种说教又是最容易让孩子厌烦的。此时，父母就要尝试其他办法了，例如正话反说，激发孩子的逆反心理，让孩子在"对着干"的心态中认识错误并且改正错误。

不过，父母在正话反说时，也要注意激将的分寸，要牢牢掌握好一个限度，既不能说话尖酸刻薄，挖苦孩子，也不能肆意贬低孩子，这样是不利于孩子的学习向好的。

还有一种PASTA对话法也值得推荐。PASTA对话法由澳大利亚心理学家霍顿在他的《自控力成就孩子一生：儿童行为管理手册》中提出。这个方法可以帮助家长通过准备、安排对话、陈述事实、解决难题和达成一致等方式，有效改变青春期孩子的厌学行为，发展孩子的自我管理能力，同时也能让父母跟着孩子一起成长。

PASTA对话法的运用，我通过以下案例来进行说明。

父母一开始就要跟孩子约定一个时间，表现出对孩子的尊重，避免因为孩子时间不对或有情绪而出现谈话不理想的情况。假设，我们谈话的对象名叫小志，我们可以采用如下的方式与他谈话。

爸爸："明天晚上八点，吃完晚饭后，你能跟我和妈妈一起谈谈你现在为啥不爱学习吗？"

小志："我不想和你们谈。"

爸爸："明天晚上八点，我们准时开始。"

小志："唉。"

爸爸："那就这样说定了。"

对有的孩子而言，父母要一再向他们强调，让他们感觉到这次谈话的重要性。在尊重孩子的同时，父母还需要把自己强势的一面展现出来，对孩子除了爱，更要立下规矩。

时间到了后，谈话正式开始，这时父母要找出孩子做过的一些表现优秀的事情，先说一些肯定孩子的话。如果找不到，那也要说些孩子喜欢听的话。

爸爸："小志，这个月你帮家里做了很多家务活，而且做得不错。这证明你已经在为家里分担一些事情了。"

然后再陈述孩子的问题。

爸爸："我和你妈妈都发现，最近你不爱学习了，回到家里就在手机上打游戏，有时打到很晚，结果早上起不来，你知道这对你的身体有多不好吗？"

接着父母告诉孩子接下来的打算。

爸爸："从明天开始，你要坚持每天早上八点起床，晚上九点必须睡觉。而且有空余时间的时候，也不要玩游戏，你的手机要交给爸爸保管。"

当然，谈话进行到此处孩子一定会激烈反对。但父母不要着急，心平气和地和孩子继续谈。

爸爸："我们知道你一定不会同意，但你要明白，我们这是为你的身体考虑。你长期如此，眼睛和身体都会吃不消的。"

小志："这怎么可以，我怎么就不能做自己想做的事啦？"

爸爸："你是不是想像爸爸妈妈这样？可你知道吗？爸爸妈妈也并不是想做什么就能做什么的，我们会给自己立下一些规矩，按照这些规矩来做事。"

这里，父母可以举一些自己日常生活中出现的事例，告诉孩子。谈话中，父母也绝不能发脾气，要耐心地和孩子沟通，疏导孩子的情绪，然后回到自己的目的上来。

小志："好吧。但这样真的太难受了。"

爸爸："这确实让人难受，但这就是我们要做出的改变，我们为你骄傲。下周我们再来回顾一下，看事情有没有进展。今天，我们的谈话就到此结束。"

通常，如果整个谈话过程父母可以一直保持平和的语调，那么是可以和孩子达成一致的，当然最后别忘了再说一些鼓励的话。

帮助孩子找到学习的乐趣

爱因斯坦说："对一切来说，只有热爱才是最好的老师，它远远胜过责任感。"学习也是如此，有求知乐趣的孩子，他们善于坚持，能够主动学习；没有求知乐趣的孩子，只要有一点儿风吹草动就会放弃。

看过《达·芬奇传》的人都知道，达·芬奇这个人跟别人不一样的地方就在于他以追求纯粹的知识为快乐，在他看来这个知识对他有什么用不重要，但了解这个知识很重要。

大多数青春期的孩子把学习看成是一件苦差事，完全没有学习兴趣。其根源就在于父母没有让孩子找到学习的乐趣。尽管有的父母认为这是孩子秉性的问题，但我认为至少在这个问题上父母要负上一半的责任。

> 小怡上初二了。最近她妈妈发现小怡几乎把所有的心思都放在了网络上，完全不用心学习。心急如焚的小怡妈妈在请教了我以后，开始对小怡进行引导。她从小怡最喜欢的网络入手，例如，让小怡进入英语语音聊天室，让她在不知不觉中学习了外语知识又锻炼了听力。同时，还让小怡在网上找一些难题来做，或是阅读一些网上的优秀文章。
>
> 为了防止小怡产生网瘾，小怡妈妈和小怡约定了上网时间。这样过了一段时间后，小怡的学习兴趣大大提高。

小怡妈妈的引导方法值得很多父母借鉴。我认为，要帮助孩子找到学习的乐趣。首先就要让孩子认识到求知本身的乐趣。

我从来不认为孩子只应该在课堂上学习，孩子还应该到生活中学习。在生活中，我们可以教会孩子各种各样的知识。例如，带孩子去旅游，如果给孩子讲些大好河山背后的故事，孩子一定会兴致盎然。带孩子去海洋馆、动物园、植物园，给孩子讲解一些有趣的生物知识，孩子的印象一定会非常深刻。尤其是当父母表现出对知识的探索非常着迷时，孩子一定也会感受到这种热爱。

我坚决反对父母将孩子当成考试机器，而忽略了多从生活中、自然中去挖掘学习的乐趣。其实，在生活中学习，孩子的世界才是丰富的。如果仅仅是为了考试而去学习，那孩子的学习就只停留在了表面，而非内心真正的认知。

平时，父母和孩子谈话时，也一定要告诉孩子：学习，不只是应付考试，还是一个不断探索自我、理解世界、理解人生的过程。在这个过程中，你要认识到自己的兴趣点在哪里以及不喜欢做什么。这样，你才可以在兴趣点上深耕，学到更多的知识，也为自己以后的人生设置更多的选择和表演的机会。

总的来说，帮助孩子找到学习的乐趣，我认为，父母只需要对孩子提出如下三个要求即可。

首先，学习上固然要努力，但要抛弃唯成绩论的思想。

其次，现在是一个知识大爆炸的时代，你需要的不是学到了什么，而是要掌握怎么学的方法。这些学习能力才是最重要的，比如怎么做好时间管理，怎么去看一本书，怎么找到问题的症结，怎么独立思考，等等。

最后，让孩子对这个世界充满好奇心，要有探索未知世界的欲望。在学校里，孩子要发现一两科感兴趣的科目，在生活中也需要找到感兴趣的项目，对这些感兴趣的东西，更要多加用心。

因此，父母不要对暂时对学习不感兴趣的孩子一味苛责，只有帮他们找到学习的乐趣，他们才会自动自发地学习起来。

引导孩子制订合适的学习计划

有的孩子学习很努力，也立志做个优秀的学生，希望可以走在队伍前列。但他们又好像力不从心，总觉得时间不够。其中一个重要原因，就是他们没有制订合适的学习计划。而另外那些学习成绩不好的孩子就更不用说了，他们本身就没有学习计划，又谈何学得好呢。

做好计划，是让一件事情变得更快更好、高质高效的前提。那些优秀者，在做事前都会制订周密的计划，否则做起事来就会毫无章法，不仅浪费了时间，还没取得优异成绩。学习也是如此。

珩珩爸爸就有这样的烦恼，他说："珩珩14岁了，很听话，各方面表现都挺好的。唯一让我不满意的是，他学习没有计划，我让他干啥他就干啥，盲目和顺从。如果我没吩咐他，他就觉得无所适从。不知道怎么学，为此，他从优等生滑到了中等生。我想让他提高成绩，但我也不知道怎么帮他制订学习计划。"

孩子有一个隐性的规律，有学习计划的孩子总比没学习计划的孩子更容易取得学习的进步，而且他们的学习效率也会高很多。由此可见，制订一份合理的学习计划的重要性。但是，父母要如何引导孩子制订合理的学习计划呢？这里有一个原则，那就是孩子的学习计划一定要让孩子自己来做，父母只是从旁协助和完善计划，计划制订好以后，父母就需要起到监督的作用，并根据孩子的进展情况对计划提出修订。父母绝不能代替孩子制订学习计划。

在这里，父母可以给孩子提出以下几点建议。

1.让孩子科学自主地安排学习时间

孩子的学习时间不能多，否则孩子会很疲惫，也会引起孩子的反感；学习时间也不能少，少了达不到学习的效果。父母可以让孩子制订好自己的作息时间表，让孩子列出自己非花不可的时间，如吃饭睡觉以及必要的休息时间。在这个时间段之外，就可以让孩子将大部分时间用在学习上。这样一个表单，有一个好处就是，让孩子了解自己该如何利用时间。

2.针对差异安排目标

父母要引导孩子看到自己的优势和不足，针对自己的个体差异来安排自己的学习内容。对于有劣势的地方，就多花一些时间；而对于自己有优势的地方，则可以少花一些时间。对于孩子不擅长的科目，还可以和孩子商量，如孩子记不住英语单词，那是否可以每天利用睡觉前的时间记10个英语单词。

3.让孩子明确学习任务

当孩子制订好一份学习计划后，父母要对这份学习计划进行检验审核，要确保孩子制订的学习计划符合实际。有的孩子制订计划时总是把计划制订得很高，结果实施以后总是无法完成，因此也丧失了制订学习计划的动力，父母一定要尽可能避免此种情况的发生。

4.让学习计划有机动性

人是活的，学习计划是死的。正常情况下，孩子的学习都应该严格按照制订好的学习计划来进行。但孩子在生活中难免会出现一些特殊情况，耽误了计划的实施，此时就不能过于死板，不要因为某一环节未完成而影响整个学习计划的实施，不然同样也会打消孩子的积极性。

尊重孩子兴趣，不给孩子盲目报特色班

现在，各种各样的兴趣班办得热火朝天。很多父母为了让孩子全面发展，忽略孩子的感受，给孩子报了很多兴趣班，把孩子的时间安排得满满的，可他们很少问孩子"你是不是喜欢这个班"。

青春期的孩子，大多已经上了初中、高中，因为课业的增加，有的父母给孩子减掉了一些兴趣班，但有的父母却会让孩子挤出时间来学习，如果孩子不乐意，就会遭到父母的严厉斥责。

> 恬恬的父母，曾经在电视上看到一段由音乐神童带来的表演。这个节目让他们羡慕不已，想到恬恬12岁了，也该培养她的音乐天分了。于是两人省吃俭用，终于积攒下一笔钱给女儿买了一架钢琴。
>
> 可恬恬却告诉他们，自己对音乐一点兴趣都没有。为了逼迫恬恬学习音乐，他们每周都会陪孩子练一天钢琴，同时又将恬恬送到声乐班进行"深造"。但恬恬一看到钢琴就直摇头。

像这种不顾孩子意愿给孩子报兴趣班、特色班的父母比比皆是。当然我也知道，父母是好心，希望自己的孩子将来可以多才多艺，有一技之长，但如果我们忽略了孩子到底喜不喜欢这个班的基本事实，那我们给孩子报的所有兴趣班、特色班都是在花冤枉钱，因为他们对所学的内容不感兴趣，你硬要孩子学，那就是强人所难，根本不可能如你所愿。

青春期的孩子已经有了独立意识，已经大致能了解自己的兴趣所在了。如果父母还在兴趣方面束缚孩子，结果只会适得其反。孩子是社会的人，不是受父母操控的人。因此，与孩子有关的兴趣班，父母最好能和孩子商量一下，再决定报名与否。

再者，对于孩子自身的兴趣，父母要给予引导和鼓励。有人说："天才之所以是天才，并不是他们生来就有很高的天赋，关键是他们幼年时期的兴趣没有被踩掉，并且得到了保护和顺利发展。"因此，保护和支持孩子的兴趣对父母来讲至关重要。一旦孩子自己的兴趣得到了父母的支持，他们就会有信心坚持下去，这样才可能在未来取得卓越的成就。虽然，支持孩子的兴趣，要花费父母大量的时间和金钱，但我认为这些都是值得的。

给孩子报兴趣班，父母应掌握一些方法。比如短期技能班，也就是那些教孩子怎么"玩"的班，如轮滑、游泳，可以多给孩子报一些，让孩子学会如何"玩"这个项目就可以了，不用长期在某一项目上停留。兴趣长期培养班，也就是一些需要系统思考，同时又需要长期培养的兴趣班，如奥数、绘画、音乐、舞蹈等，父母可以根据孩子的兴趣选择一两项给孩子报。只要孩子表现出浓厚的兴趣，就鼓励孩子长期坚持下去，努力达到专业或半专业的程度。而有的需要一定良好环境的兴趣班，如英语等，父母可以不用着急给孩子报上，最好的方式是先在家里培养孩子的兴趣，同时可以多创造一些英语使用或学习的环境，这比单纯地将孩子放到英语兴趣班的效果要好得多。另外，父母要注意的是，同时给孩子报的兴趣班不要超过两个，如果实在要报两个班的话，最好能集中在一天内学完，避免周末的两天全部被占用。过多的兴趣班不仅会给孩子造成很大的压力，让孩子没有自己的空余时间，而且取得的效果也不好。父母一定要控制孩子兴趣班的学习时间，争取每个周末能给孩子留出一天时间来，这样既能给孩子留出一些个人支配的时间，也能留出一些时间与家人一起相聚，感受家庭的亲情与温暖。

带孩子到名牌大学里去看一看

父母经常教育孩子，不好好读书就考不上好的大学。可是，好的大学如何好法，对此孩子们没有任何概念，自然也引不起兴趣。

如果真的想让孩子考上好大学，那父母就不妨带孩子去名牌大学里亲自走一走，看一看，让孩子切身感受美好的校园生活，以此激起孩子对名牌大学的向往。

邝先生的儿子辉辉成绩优异，在班里一直名列前茅。邝先生平时也没少给辉辉描绘过大学校园的生活，辉辉听后十分向往。只不过，辉辉还从没去大学校园里走过，那份感受只是停留在心里。

2021年春节，邝先生做出决定，带孩子去厦门大学参观一番。厦门大学是1921年由著名华侨领袖陈嘉庚先生创办的，是中国近代教育史上第一所由华侨创办的大学，也是中国一所非常有名的高等学府。

来到厦门大学，辉辉仔细参观了校内的著名景点，又走访了厦大的图书馆和多媒体教室。这些都让辉辉兴奋不已，一直对邝先生说："爸爸，我一定要努力，以后也考个这样的大学。"

父母带孩子去名牌大学参观，不一定是非要孩子考上这样的学校，只是为了让孩子感受校园那种神圣的氛围，让孩子知道大学的学生都会做些什么，他们怎样在学校里忙碌，又怎样为自己的理想打拼。这些，都会在不知不觉中激发孩子心中的理想，起到无声的教育作用。

父母带孩子到名校去看一看，也为树立孩子考上好大学的目标奠定基础。不得不说，目标对青春期的孩子是非常重要的。我们说人生的定位是从设定目标开始的，目标是我们奋斗的动因，它能指引我们一路向前，奔向我们预设的终点。

而大学校园无疑是最接近"理想"和"目标"的地方。因为这里有很多学子，他们可能现在一无所有，但他们却在接触最前沿的文化，学习最先进的科学知识，他们在朝着某一方向努力，希望未来可以成为这个领域叱咤风云的人物。而这些，都是青春期孩子最需要的正能量。

去名牌大学里走一走，父母不应该只是走马观花地带孩子参观。父母要提前准备校园资料，如果校园里有熟识的学生和教职工，也可以提前联系，这样，带孩子前往时，不仅可以对校园的建筑、景点做个详细介绍，也可以在和校园内部人员的交流中，让孩子深切地体会校园的文化和氛围，他们也可以真实地解答孩子的问题。如果找不到熟识的人，我们在校园里也可以现场结识一些人，这样也可以锻炼孩子的交际能力，一举两得。

关于孩子考试的心理调节

"考试"，几乎成了青春期孩子一个谈之色变的话题，考前焦虑的情形也是大有人在。考前焦虑的孩子通常有三种表现：情绪激动，不由自主地慌张；感知障碍，视听信息错乱，容易把试题的要求看错；注意障碍和思维迟钝，盯着试题看却怎么也看不进去，思维处于漂移状态。

在考试前，当孩子出现紧张、担忧、不安等情绪时，不管是孩子主动和你倾诉，还是你自己察觉到的，你都要学会接纳并帮助孩子缓解情绪，做好考试前的心理调节。

> 茜茜本来是一个成绩非常优秀的孩子，平常的摸底考试都是班级三甲。父母对她的高考也非常有信心。然而，读高三的茜茜，在临近考试时却莫名变得烦躁起来，有时看书，看几页就看不下去了；做题时，做着做着就用手拍桌子；晚上，一直睡眠都很不错的茜茜还失眠了。

茜茜的情况就属于考前焦虑。要缓解孩子的考前焦虑，做好孩子考试前的心理调节，父母一定要做到以下几点。

1.耐心倾听孩子的倾诉，开释孩子的压力

当父母发现孩子为了考试坐卧不安时，不妨引导孩子将心中的感受表达出来。你要相信，当你作为一个忠实的听众时，你就是在帮助孩子减轻他

的心理压力了。了解了孩子的心理状态后，父母就要给孩子指引，告诉孩子"一次考试并不代表什么，它只是衡量你学习效果的一件工具而已，我们实在不用产生惧怕的心理"，以此来打消孩子紧张不安的情绪。

2.帮孩子树立自信

父母可以与孩子一起回忆过去成功的经验。孩子的潜意识可能已经"忘记了"自己拥有很多成功的经验。在与孩子聊天中你可以问孩子：过去最成功的事情是什么？什么时候你曾解决过类似的问题？从而引导孩子体验过去的成功经验，激活孩子的自信，帮助孩子更好地应对考试压力。

父母也可以用未来的成功教育当下的孩子。比如你现在可以问问孩子：假如20年后非常成功的你要给现在的你一些建议，他会说什么？

再者，激发孩子去行动。比如父母可以问孩子：为了实现你的目标，哪怕只做一点点的行动，你打算如何做？从而激励孩子迈出第一小步，在行动中调整焦虑的情绪，有效坚持，有效改变。

3.改变孩子对考试的认识

比如，父母可以告诉孩子，将"考试是一件可怕的事"变成"考试只是自我检测复习的情况"。

除此以外，父母在生活中还要做些什么呢？首先，作为父母，在生活中你要保证孩子有充足的睡眠和运动，你可以合理安排孩子的作息时间，可以带着孩子一起跑跑步，缓解孩子紧张、焦虑的情绪。其次，你可以多给孩子准备一些富含蛋白质、维生素的食物，比如肉、鱼、蛋、牛奶、新鲜蔬菜、水果等。这些食物对身体有益，同时也是大脑高速运转的必需品，不过也需要避免高脂肪、高蛋白等营养品的过量摄入，以免造成孩子消化不良和肠胃功能紊乱，使得脑力、体能不仅没有增强反而下降。

总之，父母一定要给孩子传输这样一个理念：万事尽力就好，学习也是，考试也如此。孩子，别怕！

Chapter 09

多方引导，让孩子拥有健全的审美观

不要认为美感教育对青春期的孩子没有影响。其实，它对孩子的人生发展、社会交往能力具有非常积极的意义。现在，美感教育多被学校忽视，很多父母也不重视，这就直接导致了孩子没法顺利地在社会上行走，不具有良好的气质修养。因此，所有父母都要对美感教育重视起来，勿忘对孩子进行必要的美感教育。

把好交友关，但不限制交友权

青春期的孩子，交友圈逐渐扩大，友谊能让孩子学会分享与换位思考，帮助孩子提升创造力，并提高沟通能力和解决问题的能力。

但是，青春期孩子又因为涉世未深，容易受不良事物的影响和诱惑。因此，不少父母为了防止孩子走上歧路，大力控制孩子的交友权，对孩子的朋友总是一看二审三调查，弄得孩子非常不自在，也非常尴尬。

有一天，桐桐凑巧和班上一个高大帅气的男生走在一起，两人有说有笑，非常开心。正好，桐桐妈妈下班回来看到这一幕，便快速走到桐桐面前，问她："桐桐，这是谁啊？"不等桐桐回答，她妈妈又看着那个男生问："这位同学，你叫什么名字？学习怎么样啊？你怎么跟我们桐桐在一起呢？"

桐桐妈妈的话，让那个男生很是尴尬："阿姨，我是桐桐的同学，我叫×××，成绩嘛，一般。"听到这儿，桐桐妈妈顿时就来气，认为女儿就不该和这种成绩一般的同学交朋友，于是不顾女儿不开心，当下就把女儿拉回了家。

到家后，桐桐妈妈还喋喋不休，桐桐觉得很委屈，之后的一个星期都没和妈妈说话。

桐桐妈妈的做法，相信很多父母也都曾经有过。我们总是不自觉地去控制孩子的交友权，殊不知忽视了孩子的心理需求和感受，这样不仅达不到让孩子交良友的目的，反而还会增强他们的逆反心理，只会得不偿失。因此，父母要做的，不是一味地控制孩子的交友权，而是要把好孩子的交友关。

1.尊重孩子的交友权

青春期的孩子渴望自由，父母要顺应这个趋势，放宽一些孩子的自由时间，这是对孩子的尊重。对于孩子的交友权，父母也要在平等、尊重的基础上加以引导，避免因为一些无关紧要的事情就反对孩子交友，只要不是超出原则范围的交友，父母就要支持，不应过分干涉。

2.帮助孩子建立交友标准

父母一定要对自己的孩子有一个全面的了解，要知道什么样的朋友适合他，什么样的朋友不适合他，这需要有个标准。当然，这个标准必须是正向的，而非父母的喜好。例如自己的孩子成绩好，就限制孩子与成绩差的孩子交往的做法就不妥当。孩子的交友标准既不是以成绩好坏来评判，也不是依孩子听话与否来评判，而是依他交往的朋友是否影响了他的性格和品行的积极发展来评判的。

3.首选性格互补的朋友

如果孩子的交往对象和孩子有性格互补的成分，那么这样的朋友就是非常好的。因为性格互补，所以孩子的性格缺陷就有可能得到纠正，并得到朋友的帮助，这对孩子的发展是非常有利的。

4.对孩子的朋友心中有数

对于孩子交往的朋友，父母要多关注。我之前说过，不要反对孩子和"成绩一般""不听话"的孩子交往，是否能深层次地影响孩子的性格发展才是最主要的。父母要对孩子的朋友做到心中有数，但这并不意味着父母要常常监督孩子的朋友，背后去侦察孩子的朋友，而是采用一些好的方法，如邀请孩子的朋友来家里做客，顺便观察他们。如果孩子的交往对象较少，父母还可以多给孩子介绍一些性格互补的朋友，让孩子不至于仅受到一两个朋友的影响。

青春期的孩子对世事还是懵懂的，需要父母来帮助指引，交友亦是如此。父母帮孩子把好交友关，培养孩子良好的交友能力，可以很好地帮助孩子拓展社交圈，对孩子的成长、良好性格的养成、心理的发展都是大有裨益的。

可以追星，但绝不可盲崇

"追星族"这个词很多人都听说过。现如今，因为互联网的高速发展和媒体的普及，人们非常容易地就能接触到各种明星的音视频，由此在社会中产生了层出不穷的追星族，这其中不乏青春期的孩子，而且青少年追星似乎还呈现出愈演愈烈的趋势。

本来，明星们气质样貌俱佳，又有着广泛的影响力，人们追星也属正常，而对于青春期的孩子而言，这也是他们从少年走向成人的一种心理反应。因为青春期的孩子对一切都处于探索阶段，他们的理想、目标都还不明确，他们既想要摆脱儿童的心理，又渴望像成年人那样表现得成熟干练，明星的出现就好像让他们看到了榜样一样，他们想像明星那样实现自我的价值，所以想要追随明星。

另外，青春期孩子追星还是情感渲泄的表现。他们都想自己的青春过得多姿多彩，明星们光鲜亮丽的生活就成了他们想要追寻的世界，于是他们总幻想自己有朝一日也能成为明星，并像他们那样生活。

虽然追星是孩子成熟的一种体现，但大多数父母却不认同孩子追星，父母总觉得孩子追星就很容易变成疯狂的追星族，让他们荒废了本该正常进行的学业。

当然，不可否认的是，的确出现了很多青春期孩子为追星而走极端的例子。

> 像这样的新闻屡见不鲜：某女为见明星一面不惜倾家荡产逼死慈父；"追星族"为见天国的偶像而追随其自杀；辽宁一17岁初中学生，因没钱追星而在温州火车站自杀身亡；一女青年在看到自己的偶像与人结婚之后，竟一气之下割腕跳楼自杀；贵州一16岁少年因父母没给他钱买音乐会门票（门票太贵），便在自家厕所自闭6天6夜。

因为受这些新闻的影响，大多数父母不让孩子追星也就在情理之中了。

不过，我们也应该看到，那些走极端的孩子都是追星到了盲崇的地步后才发生了悲剧。其实对于孩子追星，父母不要一概阻止，我们应该做的是不让孩子走到盲崇的地步。如果父母仅是简单粗暴地横加阻拦，孩子很可能就会越禁越追，表面不追暗地追，还是达不到父母想要的结果。

所以，父母对待孩子追星，正确的做法是告诉他们"星"可以追，但绝不可盲崇。

1.为孩子建立正确的价值取向

青春期孩子对偶像崇拜的动机和价值取向是有规律可循的，这从他们的教育背景就可以看出来。如果父母的价值观是积极向上的，那么孩子也会受此影响，理智追星。如果孩子追星，父母可以告诉孩子"追星可以，但不能让追星影响了自己的生活和学习"。

2.不粗暴否定孩子的偶像

对于孩子追逐的偶像，父母不能因为反对就直截了当地否定，阻止他们追星，这样只会激化亲子矛盾。孩子追星时，父母要给予充分的理解和尊重，然后再适当地对孩子进行提醒和教育。

3.借助偶像鼓励孩子

孩子追逐的偶像，同样也是社会中的人，他们有优点也有缺点。父母可以和孩子一起了解这个人，关注他们身上的优点，并以此激励孩子。由于他们是孩子心中的偶像，他们身上的优点一定也是孩子想要具有的，那么孩子也就能够主动学习，提升自己。另外，父母也可以引导孩子寻找除了娱乐明星之外的科技明星和历史名人，使这些更具有正能量的名人成为孩子心目中的新兴偶像，并通过阅读这些名人的传记和故事激励孩子积极向上。

名牌只是外在，更重要的是内心

青春期的孩子由于思维能力的欠缺，很容易产生攀比心理，也特别重视他人的眼光和评价，表现欲尤其强烈。于是，很多孩子便盲目跟风追求所谓的时尚与名牌。

有的孩子家庭条件一般，但看到同学们都穿着名牌服装，因此也软磨硬泡自己的父母要给自己买。这样做很显然会给父母带来沉重的经济压力。

面对孩子的要求，有的父母不愿满足这种要求，也只是会说"你看我们家里也不富裕，怎么买得起这些名牌""你能不能把心思放在学习上""你看爸妈也很久没买新衣服了，你就知足吧"这样的话来应付孩子。但是父母应该明白，这些话也许一开始能让孩子不再提出要求，但时间一长，孩子的逆反、自卑心理就会产生，这些不健康的心理状态一旦形成，对孩子的成长将会是非常不利的。

那么，我们应该怎样对待孩子想要穿着名牌的心理呢？

1.给孩子做出表率

要让孩子不穿着名牌，父母首先就要不穿着名牌。有的父母不让孩子穿名牌，自己却穿着名牌，这显然是不能让孩子信服的。

在孩子的成长过程中，家庭环境对他们的影响是非常大的。俗话说"父母是孩子的第一任老师"，孩子有很多表现方式都是父母价值观的折射，如果父母不能做出表率，又谈何让孩子不追逐名牌呢？又以什么理由去要求孩子呢？最好的办法便是父母先以身作则，不慕虚荣，不追逐名牌，给孩子树立好的榜样，以榜样的力量来帮助孩子养成正确的消费观念。

2.给孩子树立正确的价值观

对于孩子想要穿着名牌的心理，父母要正确地引导，绝不能简单粗暴地干涉。父母要心平气和地与孩子分析探讨，让孩子树立名牌只是外在，更重要的是内心的正确价值观。

> 跳跳正上初三，他是个人缘很不错的小男生。他的家庭条件很不好，爸爸因工伤而身体残疾，但仍然自强不息，竭尽所能地支撑起整个家庭。他妈妈呢，虽然文化程度不高，但也是每天早出晚归努力工作。受父母的感染，跳跳并没有因为家庭条件差就产生自卑心理。相反，他在学习和生活中一直积极向上，斗志昂扬。
>
> 在班上，有很多同学打扮时尚，穿着名牌服装、鞋子。他的父母觉得很对不起他，打算省吃俭用给他买一些好点的衣服和鞋子，可跳跳却说："你们不用浪费啦，虽然我穿得不如同学们好，可这又怎样呢，我可以用我的成绩来弥补呀，用学习来说服他们。"

相信很多父母听到跳跳这样的话，都会备感欣慰，会为有这样一个孩子而无比自豪。从这里也可以看出为孩子树立正确价值观的重要性。父母自强不息的精神是能感染孩子的，能让他们不受虚荣心的侵蚀，不产生盲目攀比的从众心理。

如果因为客观原因，父母本身生活优越，也不差给孩子消费的钱，只是单纯地想要给孩子树立正确的价值观，那么父母可以与孩子约定，每做一次家务就能获得相应的报酬，如果孩子想要名牌物品，可以用做家务的方式换取，这样一来不仅可以让孩子知道挣钱不易，从而更懂得珍惜金钱，还能培养孩子做家务的好习惯，但是家长所做出的承诺，事后必须兑现。

此外，父母一定要让孩子明白，拥有自信、阳光、健康的内心，比什么都重要。父母可以让孩子看看那些真正有钱的人、成功的人其实是不会在乎穿的是不是名牌的，很多有钱人穿着、使用的都是一些平价的产品，还有很多有钱人穿着百元价位的衣服。名牌都是外在，如果你自己没有底气，你就算穿着一身名牌，也融入不了上层社会。

因此，父母要引导孩子，让他踏踏实实多学习一些有用的东西，多看几本书，多掌握一些知识，让自己的大脑充实起来，为自己日后的发展打下坚实的基础。这样可比买一堆名牌服装有力踏实得多。

告诉孩子，抽烟打架并不酷

　　孩子进入青春期，接触社会的机会多了，再加上他们本来就崇尚自由，不受约束，这就使得他们很容易受到外界不良环境的影响，做出一些类似抽烟、喝酒、打架等出格行为。孩子们一旦沾染上这些不良习气，不仅对身体无益，而且对孩子的学习成绩、人生发展都有严重影响。

　　我有个朋友曾告诉我，说他最近被弄得身心俱疲，在工作的巨大压力下偏偏自己儿子也让他不安心。以前，他儿子是父母和周围朋友眼中的好孩子，学习成绩一直都很好，还很懂事。在学校认真听老师讲课，回家还会在写完作业后帮父母做家务，每次考试更是取得前三名的好成绩。本以为这样的情况会一直维持下去，但自从儿子上了初中以后，事情就一点点发生了变化。

　　今年他儿子上初二，情况更糟糕了。孩子不但对学习没有兴趣，更让父母不能接受的是，孩子还抽烟，跟人打架，在学校违纪多次，老师不止一次地找过父母。面对这种情况，父亲不知所措，想和孩子交流，孩子却总是不愿意，甚至还顶嘴，说几句就会吵起来，弄得父子关系也很紧张。

　　抽烟、喝酒、打架是非常严重的恶习，对此，父母必须进行合理的引导，想办法纠正孩子的不良行为，没有任何余地可留。

1.让孩子了解烟酒的危害

吸烟有害健康，这几乎已是人尽皆知的事情，而喝酒也是如此，我们没少见过因喝酒误事的新闻。对于青春期孩子而言，父母必须提前给孩子打下预防针，在他们沾染上烟酒以前，就给他们讲解烟酒的危害。尤其是一些刚发生的与烟酒伤身、误事有关的新闻可以分享给孩子，通过事实来让孩子明白利害关系。

有的孩子可能会在与父母沟通时反驳说"你看那么多人抽烟、喝酒，不也没事吗？"由于抱有这种侥幸心理，孩子一旦尝试以后，就很难停下来。究其原因，主要还是孩子的自控能力差。父母可以给孩子看一些科普性的网站，明明白白地告诉孩子：烟酒伤身，没有人能逃得过这个规律。你的健康受到了损害，没人为你的健康买单。身体是革命的本钱，只有拥有健康的身体，才有资本去做自己想做的事。

2.让孩子知道矛盾面前，友谊第一，公平第二

如果孩子有打架行为，有的父母处理起来总是抱着公平的态度，以此求得心理的平衡。其实这是不对的，因为大多数孩子打架是很难分清楚谁对谁错的，再加上各个父母心中的公平标准也不一样，这是很难统一起来的。因此，父母在处理孩子之间的矛盾时，要遵循友谊第一，公平第二的标准。

另外，父母对孩子的交友情况也不能掉以轻心，尽量避免孩子接触那些社会不良青年、闲散人员，以免受到这些人的蛊惑，形成以打架为荣的心理。

3.杜绝孩子的出格行为，从父母自身开始

父母是孩子的镜子。生活中，如果父母有抽烟、喝酒行为，那么孩子就

很可能染上抽烟喝酒的不良习惯，如果父母脾气暴躁，说不定孩子也会动不动就和小伙伴闹矛盾。因此，父母要给孩子做出表率，用自己的行动影响孩子，也就是说，如果想要孩子没有出格的行为，那父母自身就先要杜绝出格行为。

节食减肥，不过是对自己的不负责

　　进入青春期的孩子，大部分都开始注重自己的外貌和身材。于是有些孩子就会开始不认真吃饭，尤其是女孩，看着别的同学比自己瘦，比自己苗条，心里就会羡慕，然后想尽一切办法节食减肥。殊不知，节食减肥带来的不良后果有多严重。

　　梦梦即将升入初三，在这个紧要关头，同学们关注的都是学习成绩，都在为升入更好的高中而努力。可梦梦却被另一个烦恼缠住了，因为她身材偏胖，有些调皮的男生甚至直接喊她"小胖妞"。

　　为了让身体变瘦，梦梦决心节食减肥，她给自己订的计划是不吃主食，只吃水果。每天晚上还要进行长时间的运动。甚至，她还用自己的零花钱从市面上买减肥药吃。

　　结果一个月后，梦梦确实减掉了15斤，可她整个人却变得面黄肌瘦，经常头晕。父母怀疑她生了病，打算带她去看医生时，她才向父母吐出实情。妈妈听到后，整个人都蒙了，简直不能想象，梦梦才15岁，居然就这么疯狂地减肥。

　　其实，和梦梦一样的青春期女孩还大有人在。我知道的是，有的孩子从高中开始节食减肥，三年下来，得了胃病，久治不愈。无论是饿了、撑了、凉了、辣了都能让她痛苦不堪。

节食减肥、吃减肥药减肥，其实都对身体有一定的危害。尤其是青春期，这个阶段正是孩子长身体、长知识的黄金期。孩子们需要更多的营养物质，如果这会儿孩子跑去节食减肥，带来的危害可想而知，不但身体发育受损，还有可能导致一些器官的功能低下，降低身体的免疫力。

但这些危害，孩子们通常都意识不到，这就需要父母给孩子做出正确的引导。

1.让孩子能够科学饮食

不管怎么说，人体所需的养分都需要食物来提供。我们一定要让孩子明白科学膳食对身体的影响，如要荤素搭配，要肉蛋奶均衡，要主食辅食配比适当等，总之我们必须保证孩子摄入均衡的营养，为其长身体做好保障。

2.让孩子多锻炼，健康控制体重

我不提倡青春期节食减肥，但有益于身体的减肥措施其实是可以的。毕竟，谁不想拥有好身材呢。其中，多锻炼就是很好的方式。通过合理的运动，既强健了肌体，又能使身心更健康。父母可以给孩子制订一份科学合理的运动计划，在孩子运动时，最好自己也能参与其中，以这种方式来让孩子健康控制体重。

Chapter 10

青春期，鼓励孩子
自己管理自己

教育，不是父母单方面的行动。其实，最好的教育就是给孩子以方法，让孩子学会自己管理自己。没有哪一个人是他人能够帮他包办一切的，只有自己做好管理，才能更好地为未来服务，对于青春期的孩子来说，更是如此。

所有的目标与梦想都来自现实激励

一个人要想获得成功，我认为首先需要在心中构筑一个梦想，计划一个目标，在任何时候、遇到任何困难时，都要想一想，我有没有放弃我的梦想和目标，我是离我的梦想和目标更远了还是更近了。更近了，就鼓励自己；更远了，就调整方向。

梦想很美好，目标很远大，但它们的实现都必须以我们在现实中的坚持不懈为支撑。也就是说，所有的目标与梦想都来自现实激励。

青春期的孩子可能无须父母帮助自己就会树立远大的理想。可是，他们并不知道怎么实现这个理想，既没有系统的方法，也不知道怎么做。这里，我们可以教给孩子一些方法，让孩子主动探索实现目标的方法，并养成坚韧不拔的习惯。

1.帮助孩子设立适当的目标

适当的目标对孩子的好处是多方面的，不但能让孩子主动学习，而且能激发他们追求知识的"野心"。因此，父母要多了解孩子的情况，多和孩子探讨，根据孩子的实际情况制订他们可以通过努力最终达成的目标。当孩子完成一个阶段性的小目标以后，他们就会获得一定的成就感，从而可以持续地完成后面制订的目标。

我们要知道，目标的设立不能不切实际，而是要跟孩子的现实情况、所处的环境相称，如果设定了一个无论如何努力都不可能达到的目标，那我们就与"好高骛远"无异了。

2.让孩子善于经营与策划自己

很多时候，我们在定下了目标以后，就会自然地释放出一种潜能，让自己的眼界更宽，能够发现那些让我们成功的信息和机遇。所以要想更快地实现梦想，父母就要调动孩子脑海中那些强有力的神经系统。

在整个目标框架中，父母要让孩子有一个清晰的逻辑，先走哪一步，后走哪一步，应该怎么走才是合理的，应该避免哪些错误，都要做到心中有数。这其实就是一个经营与策划自己的过程。也就是说，第一步要谋划实现目标的策略，第二步要做好实现目标的计划。有一个永恒的至理就是，设计的计划越周全，我们离目标的实现也会越近。

实现目标的方法有很多，但最重要的还是先在心里把目标绘制出来。这是必须要认真去对待的事情。即便我们的目标只是简单地学好英语，父母也应该让孩子想象用英语和外国人进行交流的场面，并以此鼓励自己。

只要孩子在努力向目标进发，父母就可以让孩子每天对自己进行检视。例如我今天做得够不够，我有没有前进一点。房屋是由一砖一瓦砌成的，实现目标也是一步一步走出来的。大目标的实现是一个长远的过程，在这个过程中，孩子要随时反思，随时检视，这是对自己负责，也是对目标负责的一种表现。

3.不过分唠叨、督促

有不少父母一看到孩子只顾玩，却不知道好好学习，就非常焦虑，于是就对孩子过分唠叨、督促。可结果往往适得其反，孩子甚至变本加厉。因此，面对孩子的情况，唠叨、督促是非常不可取的做法，父母要懂得长话短说，要引导孩子，让他们知道要为自己的行为负责，知道学习是自己的事，目标的实现也只有自己来完成，要多鼓励孩子，避免过分唠叨、督促孩子。

4.父母以身作则

父母需要格外注意，很多时候不是孩子不想努力，而是环境影响了孩子。因此，父母要懂得以身作则，努力给孩子营造良好、温馨的氛围。父母可以当着孩子的面给自己制订一个今天、本周要完成的目标，并且尽力去完成它。当孩子看到你的努力，受到感染以后，他自己也就知道要努力奋斗、坚持不懈了。

用欣赏的眼光看待孩子的尝试

孩子到了青春期，不可避免地会变得叛逆起来。他们或多或少都有反束缚、不屈从父母权威的心理，他们总是急于证明自己有做好任何事情的决心，想要尝试各种新鲜有趣的事物。

对于孩子的这些尝试，做父母的切忌批评压制，相反，我们应该用欣赏的眼光来看待，因为这表明孩子在不停地成长。

新新学习成绩很一般，平时也没怎么给老师、同学留下深刻的好印象。可是有一次，新新去理发店，做了一个非常酷的发型，就像电视里的"达人"一样。没想到，这下新新成了同学们眼中的"红人"，大家都记住了他。

新新觉得能被同学们议论和记住是一件非常骄傲的事。为了继续成就自己的"达人"形象，他不停地变换着自己的发型，有时把头发弄得很另类，有时穿着打扮很邋遢。

对新新的表现，他的爸爸很不理解，还指责了他几次。这让新新感觉很委屈，他不明白爸爸为什么不理解他、不欣赏他。

像新新这样的青春期孩子还有很多。对此，父母要先用欣赏的眼光来看待他们的行为，即便他们尝试的是让我们不理解的事。父母要尽量少些指责，因为越指责、越阻止，他们就越会跟父母对着干。父母要做的，就是首先对他们表示认同，然后再加以积极的引导。

有些孩子的尝试也许并不是坏事，只是不符合父母自己的意愿罢了。例如想要出去探险，想要交一个忘年交，等等。孩子是独立的个体，他们有自己的思想和自己的性格，只要不是大是大非的问题，父母就要秉承鼓励的态度，千万不能将自己的意愿强加在孩子身上。

苏联教育家苏霍姆林斯基说："教育是人与人心灵中最微妙的接触。"青春期的孩子虽小，但也是有感情有灵性的人，有和成年人一样的情感世界，知道痛苦与快乐、羞愧和恐惧。父母如果教育孩子没有时时投以欣赏的眼光，容易导致孩子失去自信。

当然，欣赏的先决条件是父母能感知孩子的真实需求与感受，然后去承认这个事实。很多青春期的孩子由于不愿意跟父母沟通，因而无论尝试做什么也不会让父母知道。如果父母不了解孩子的真实状况，那孩子就更不愿意与父母交流，而只是沉迷于自己的世界。父母要懂得，孩子是独立的，父母和孩子之间是平等的关系。当父母有这种意识时，才会真正设身处地地为孩子着想，才会用欣赏的眼光看待孩子的尝试；父母也才能接纳孩子的不完美，让欣赏自然发生。

与孩子设定共同的目标

目标是我们做事的方向，是一个人进步的支点。可是现实生活中的孩子，有不少是没有目标的。在我看来，这主要有以下两方面的原因：一来，孩子生活条件优裕，没有什么压力，因此就缺少目标概念。如果父母再有所忽视，孩子就更没有目标、计划的意识了。二来，孩子没有看到自己的优势。

青春期的孩子一向叛逆，有很多父母都不知道如何和孩子相处。这里，我们不妨和孩子制订一个共同的目标，父母和孩子一起努力，这样大家就能同频，而同频才能交流，交流才能交心。现在很多父母感觉跟孩子说不到一块，主要是因为彼此相处的心不在一起，共同的话题很少，孩子站在孩子的角度，家长站在家长的角度，根本就不同频，其关系自然就不好。

而和孩子设立共同的目标，就成了一举两得的事情，一来可以树立孩子的目标意识，增强孩子做事的动力和上进的信心；二来可以优化亲子关系，让父母与孩子心往一处想，劲往一处使。

妙妙的妈妈每个学期都会和妙妙制订一个共同的学习目标，例如，这个学期要看完多少本书、要将学习成绩提高到多少。这里面，母女俩会分工，妈妈要怎么做，妙妙要怎么做，两人分得清清楚楚。因为有了共同的目标，两人的交流非常顺畅，每隔一段时间复盘时，两人都是愉快兴奋的，每取得一点点成绩母女俩都会兴奋不已。在这种氛围下，两人的目标很快就达成了。

妙妙妈妈的做法很值得为人父母者借鉴，此外父母也可以让孩子自己订立目标，然后父母参与其中，同时订下大家各自要努力的方向和做事的细节。当父母与子女处在同一个维度时，很多亲子问题都会迎刃而解。不过，以下几点还需要家长注意。

1.多带孩子出去走走，增长见识

父母要经常带孩子出去走走，让孩子认识到天地之广袤、知识之无垠。当孩子的眼界打开以后，他们就会很自然地认识到自己还有很多不足，也就容易树立远大的目标和理想，并愿意为这个目标和理想奋斗。此外，父母也可以鼓励孩子做自己喜欢的事，这也是开阔孩子眼界的好办法之一。在这个过程中，父母要注意孩子的兴趣爱好，在确定他们的兴趣爱好以后，就要鼓励他们多向这方面发展。这样，孩子的眼界就会慢慢打开，他们的目标和理想也会逐渐得到确立。

2.不管大事小事都做好计划

不管大事小事我们都要有计划，有目标。事前的计划是成功的一半。因为有目标、有计划，做好了这些小事，孩子们就更容易建立一些大目标。例如，在周末的时候，父母可以和孩子一起订立打扫卫生的计划，或是共同去养老院帮忙。在父母与孩子共同做事的过程中，大家互帮互助，不仅增进了亲子关系，还能让孩子认识到目标的重要性。

3.为孩子找一个榜样，让他认识到目标的重要性

父母可以为孩子找一个榜样，通过对比，让孩子找到自身的不足，同时着重给他们强调目标的重要性。如果有事例介绍就更好，这样孩子就会对目标的概念更加深刻。当然，父母要注意的是，鼓励孩子向那些有目标的孩子学习，只是尽量避免让孩子产生自卑心理。因此，父母不能为孩子找那些差距很大的孩子做榜样，最好是选择那些比自己孩子稍微优秀一些的榜样，不能好高骛远。

让孩子懂得承担责任

做人，从青春期开始，就应该有担当。担当的基本意思就是承担，担负责任。进一步来说，担当就是一种态度、一种勇气、一种人格、一种境界。

担当的另一层意思即是责任心。责任心是一个人安身立命的基础，一个没有责任感的孩子，将来是很难取得成功的。责任不分大小，重要的是它在一个人心中的分量。能担起大事固然好，担不起大事那也得担起小事。小事如果都做不好，那大事自然也是做不好的。所谓"一屋不扫，何以扫天下"，说的就是这个道理。

青春期的孩子对事物已经有了辨别能力，父母要注意到孩子的这种变化，不要再像以往一样牵着孩子按自己设计的路线走。父母要与孩子融洽相处，就要学会认识孩子，让孩子学会承担责任。

其实，现在很多孩子缺乏的就是责任心。这主要有以下几方面的原因：一是父母过于宠溺孩子。二是父母给了孩子太多自由。三是父母言行不一致，说话做事过于随意。

如果父母有以上任何一种情形，那就是时候改变了。

有一次，我去贵州旅游，看到一对外国夫妇带着一个十二三岁的孩子出来旅游。大人和孩子各自都背着一个大大的旅行包，这让我很诧异。在一处地方休息时，我专门跑过去问那对外国夫妇："让这么小的孩子背这么大的包，他不累吗？"那对外国夫妇回答我："孩子背包里装的都是他自己的东西：牙刷、水杯、衣裤等，并不重。孩子也是家庭的一员，尽管小，但也要承担应该承担的责任，外出游玩，携带、保管好自己的物品就是他应该承担的责任。"

这真的让我很感慨。中国的父母也应该有这样的意识，尽早让孩子懂得承担责任。这里，我提供几个方法，供大家参考。

1.父母做出表率

父母是孩子最重要的"老师"，父母的言行对孩子的影响是最深的。要想培养孩子的责任感，父母首先就要做一个有责任感的人，在工作中要爱岗敬业，在家庭中要对家人负责，这样孩子才能慢慢感知到，作为一个人，我们是有责任并且需要去承担责任的。

2.培养孩子自己做事的能力

有的事情，如是这个阶段的孩子力所能及的，父母就要放手让孩子独立完成。在孩子做事的过程中，父母要多多鼓励他，切不可因为遇到一点小问题就插手帮忙，最好的方式是在一旁给一些指引，具体行动还是交给孩子吧。

3.培养孩子做事有始有终的习惯

孩子去做一件事，父母就要告诉孩子一定要完成它，切不可半途而废。青春期的孩子喜欢尝试，但也经常有始无终，遇到问题就放弃。因此，父母对孩子做的事情，要多检查、多督促，要有耐心，要鼓励孩子身体力行地完成它。

4.培养孩子对自己的行为负责的意识

作为父母，要给青春期的孩子树立一个信念："凡事都要自己负责。每

个人都要对自己的行为负全部的责任，孩子同样如此"。在孩子犯错误或者
因一些不恰当的行为产生不良后果时，父母要让孩子自己承担其应负的责
任。只有如此，日积月累，孩子在成长的过程中才能明白责任的意义，才能
真正成为一个负责任的人。

Chapter 11

如何应对
走极端的孩子

　　我长期从事青春期孩子的辅导、性格引导、问题解决等工作，因而从中结识了很多在人们眼中非常叛逆的孩子，但在我们的"青少年精英训练营"中，这些孩子无不脱胎换骨。因此，对于喜欢走极端的孩子，父母可以多借鉴、多参考此类经验。

如何应对极度叛逆的孩子

　　小彤出生在一个富裕、幸福的家庭。从小到大，父母把所有的爱都给了小彤。她生活上的一切几乎都由父母包办。在父母呵护、宠溺、安排下成长的小彤，从四岁开始学舞蹈，参加过各种比赛，拿过各种证书，小时候学习成绩也非常好，一直都很受老师和同学们的喜欢。

　　但是这种情况在小彤上初中后就变了。换了新的环境，小彤开始和老师顶嘴，并反抗家长、老师对她的安排，认为只有自己是对的。因为从小在父母的娇生惯养中长大，她甚至不能受一点点委屈！

　　七年级的一节英语课，老师让小彤站起来回答问题，因为小彤的声音小，老师当着全班同学的面批评了小彤，并让小彤重复讲了三遍！这使得小彤按捺不住自己的情绪和老师争执了起来。此后她的学习成绩直线下降！

　　后来，小彤每天在学校浑浑噩噩，上课也只是混日子，回到家里开始每天吵着让爸妈给买手机，父母为了哄小彤好好上学，给小彤买了第一部属于她的手机。但正是玩手机上瘾，毁掉了小彤的初中时代。步入八年级的小彤，通过手机结交了一些社会上的朋友，她越来越觉得学习没意思，总是想跑出去跟朋友玩，并且为了出去玩和母亲天天吵架，经常夜不归宿。父母在深夜开着车满城市找小彤，然而小彤正在酒吧跟朋友喝酒尽兴。小彤也越来越迷恋那些她还没有体验过的、让她能够释放情绪、让她玩得开心的场所！

　　当时的小彤觉得这一切对她来说都很新鲜，并且没有任何学习的压力，后来更是觉得学习根本不重要。慢慢地，她的学习成绩直接掉到了倒数，上了初三也依然保持这样的状态甚至越发严重，她开始逃学了！妈妈刚把她送到学校她转眼就跑了，只为了一个字——玩！学校、班主任完全管不了她。

　　到了高一，小彤一个学期就转了三个学校，小彤知道父母都很惯着她，愿意帮她办理转学，她开始一次次地挑战父母的底线，向父母提出很多要求，直到转到了最后一个学校，但还是在两个星期的时间请了三次家长，甚至后面父母接到她高一班主任的电话都十分紧张。

　　小彤就是极度叛逆的孩子的典型。那些年，小彤的父母备受煎熬，心力交瘁，每天胆战心惊。因为不想小彤继续沉沦下去，小彤父母趁一个暑假带着小彤参加了我们的"青少年精英特训营"。

　　在活动中，我引导小彤进入了时光隧道的感恩环节，让她亲身体验父母对她的辛苦付出，当看到爸爸妈妈为自己做了如此多的事情以后，小彤醒悟了。尤其是在寒冷的冬天，她的父母为了找她，不畏风雪，这使她深深感到愧疚，这份自责也唤起了她的感恩之心，那个极度叛逆的小彤开始转变了。

　　后来小彤跟着我到龙口研学，我又让她参加了"敢死队"的锻炼，她遭遇了和陌生人交流且一次次被拒绝的情形。开始，小彤是抗拒的，但我始终鼓励她突破自我，最终她懂得了如何跟同学及朋友相处，她也越来越开朗自信，充满正能量。

　　再后来，小彤追随我研学来到了内蒙古，在徒步穿越沙漠20公里的挑战中，大家互帮互助，抱着挑战的决心，一路走下来！在行走中经历了艰辛和苦难的洗礼，小彤最终发现，每个人都是自己的王者，可以涅槃重生，回归初心，重新启程。徒步穿越，既是对个人体能和意志的锻炼，更是对大家战斗力和凝聚力的考验。数百里荒无人烟的大漠，一个个看似一样却又千变万化的沙丘和沟壑，无一不让徒步之旅充满了未知的变数。正是这些困难，让小彤在行走中感悟人生的苦与痛，重塑了她的人生观与价值观，帮她树立了人生中的目标和方向。

接着，小彤紧跟着我的步伐来到杭州研学，学习预见未来的智慧，参观了浙江大学，到了G20峰会会场，增长了见识，开拓了预见未来的思维。自此之后，小彤在学习和生活中加倍地努力，制定了自己的成长计划与方案。

训练完成后，小彤回到学校，在高二的这一年，再没有被请过家长，而是非常认真努力地学习，再不为自己的梦想喊苦喊累了。

能让一个极度叛逆的孩子转变，是我的骄傲，同时也给父母提个醒——面对极度叛逆的孩子，不要急于去否定他，要试着和他打成一片，多让他参与一些有意义的活动，让他在不知不觉中得到锻炼，也让他感受到父母并没有忽视他。这样才可以真正将孩子的心唤回来，并加入优秀青春期孩子的行列。

如何让封闭、内向、自卑的孩子走出阴霾

出生在邯郸一个普通家庭的小也，是家里的独生女，从小就被父母看成掌上明珠。我初次见到她的时候感觉她特别容易害羞、内向、不善表达。据我了解，小也的父母常因忙于工作而忽略小也，她的爸爸在外地工作半年回家一次，即使回到家里也多是打游戏，而对她疏于交流和关心，陪伴她最多的妈妈也是不善言辞。她的父母认为给予孩子最大的爱便是挣更多的钱让孩子生活无忧。

慢慢地，小也受环境的影响变得内向、自卑、不与人交流，由于太过于不自信，成绩也开始退步，对任何事情都无动于衷。小也妈妈虽然发现孩子越来越封闭，但她更多的是不知所措甚至非常迷茫，她不知该如何去引导孩子才能使其少走弯路。

一次偶然的机会，小也妈妈听了我的课，意识到家庭教育的重要性，毅然决然给小也报了我们的冬令营。

小也来学习后，在我们的鼓励安抚下，也从一开始的拘束不自信，变得慢慢会去适应并融入这个集体。她用心去感受我表达的每句话和每个训练环节。在释放压力的游戏中，我引导孩子们把学校的学习压力和生活中遇到的负面信息通过呐喊的方式发泄出来。

我不止一次说过："锻炼脸皮，胆量。出丑就会成长，成长必会出丑。"在呐喊环节，小也回想起之前的点点滴滴，全是父母的不理解、老师的不认

同、同学的不友好，于是一句句地喊出"我是美丽、自信、绽放的女孩"。直到她嗓子沙哑，内心灵魂终于得到了释放。

回到组里，她的表现更是积极，主动上台分享感悟，而再次站上舞台的她内心只有自信和绽放，而且和妈妈的沟通和交流也积极有效了。

紧接着，我又通过"梦想板"环节帮助小也建立了明确的目标，让她不再感到迷茫。

回到家以后，小也完全变了，她开始利用假期时间努力学习辅导班的课程，之前老师讲四五遍才能听懂的内容，她现在可以轻松掌握了，学习对她来说不再是什么难事。她的成绩更是突飞猛进，考上了理想的中学。她在学校也积极表现，成功竞选班长，参加了演讲比赛，成为家里人的骄傲。

这个案例中，我通过充分鼓励小也，并根据她的实际情况为她制订合适的梦想和目标，结果也是皆大欢喜的。由此可见，孩子无论如何封闭、内向、自卑，其实都是可以改变的，关键是父母一定要从心里支持孩子、鼓励孩子，让孩子的情绪有释放的窗口。当孩子的情绪释放出来以后，我们再为她量身定制一些可以实现的目标，这样孩子就会一点一点地发生转变。

如何让自暴自弃的孩子重生

来自河北的晓晨，出生在一个幸福温馨的家庭。晓晨3岁之前，爸爸妈妈把所有的爱都给了晓晨，晓晨享受着这份独有的宠爱，要什么父母都会满足，父母给他能力范围内最好的东西，让他幸福快乐地成长。

但在晓晨3岁时，这种情况发生了改变，因为家里迎来了一位新成员——晓晨的弟弟，对于晓晨来说，原本父母只属于他独有的爱开始被分割。

随着时间的流逝，晓晨和弟弟都在慢慢长大。晓晨步入一年级，弟弟还没有开始上幼儿园，这一变化让晓晨心里非常不平衡，妈妈总是对他说："你是哥哥，什么事都要让着弟弟，要照顾弟弟""不要欺负弟弟""要对弟弟好"，这导致晓晨越发感觉缺少关注和重视，使本就缺乏安全感的他慢慢变得内向，开始封闭起自己小小的内心。

看到父母因为弟弟忙得团团转而忽视了他，他开始想方设法地找存在感，脾气也越来越暴躁，对家人的态度也非常强硬、恶劣，学校里的他不愿意结交朋友，不知道如何与人相处，渐渐失去了童真的快乐和美好。

晓晨步入四年级，学习的气氛与压力也随之增加，但家庭环境并没有任何的变化，晓晨的内心依旧感觉爸爸妈妈更爱弟弟，对他的要求就只剩下成绩了。于是，晓晨开始有了自暴自弃的想法。他觉得，自己考80分被父母要求更努力，考90分也没有得到过任何鼓励和赞美，都是一样的批评、指责，那还不如随波逐流算了。

这样的状态，晓晨整整维持了一个学期，成绩飞速下滑与糟糕的情绪终于让父母察觉到了孩子成长的变化，他们想重新与晓晨建立沟通，打开孩子的心门，但一直不得其法。

父母开始给晓晨报各种各样的兴趣班，但仍然无法解决孩子的困惑。后来，经朋友推荐，晓晨妈妈将他送到了我的"青少年精英特训营"来参加活动。

我们的课堂非常注重孩子的参与感，极具趣味性，我希望的就是让孩子在不知不觉中受到感化。在我的班上，一次一次的游戏突破，让晓晨感到了从未有过的快乐，他站在舞台上，面对台下的几百个小伙伴，能够撕心裂肺地喊出"我是一个积极勇敢有担当的男孩"。这每一次的呐喊，对他都是一种心理怨气的释放。释放完后，晓晨流下了眼泪，也露出了笑容，他开始绽放了。

在时光隧道的旅程中，晓晨知道了母亲是承受了怎样的痛苦才将他带到这个世界上的，他慢慢开始理解父母的辛苦，懂得了父母为了他和弟弟日日夜夜忙碌的爱！晓晨的内心从这一刻彻底打开了！

回到家中的晓晨开始积极为家里做出贡献，主动去做自己力所能及的事情，他拿起拖把拖地的那一刻，父母默默流下了欣慰的泪水，几年里孩子与父母之间无形的隔阂，仿佛在这一刻全部化解了。

之后，晓晨利用暑假时间，来到湖南，进行了我们安排的第二阶段的活动训练，经历了慈善义卖行动的重大突破，他已经能够主动与陌生人沟通交流，这样的锻炼让晓晨更加懂得如何与人相处，更加有自信心。他用义卖换来的钱给贫困的爷爷奶奶送去柴米油盐，这样慈善的举动和亲身实践让晓晨真正体会到人要永远带着一颗感恩的心，要有一颗爱心。

现在的晓晨已经完全蜕变，他不再是那个心事满满、不知道如何与人交往的孩子，更不再是那个自暴自弃的孩子了。

　　所以面对自暴自弃的孩子，父母需要耐心引导，首先要用语言表达对孩子的爱和关切，打开孩子的心门，其次要肯定孩子任何微小的进步，经常给予孩子支持和鼓励，多带孩子参加一些有趣且有意义的活动，或者定期安排时间陪伴孩子。只要父母自己肯努力，孩子就一定会慢慢走出阴影，变得阳光起来。

如何让失恋抑郁的孩子重新振作起来

来自湖南益阳的龙龙，小时候在父母眼中是一个很乖的孩子，但父母对他一直采取的是棍棒教育，他仿佛没感受过什么是爱。16岁那年，龙龙看了一部电影《一吻定情》，里面的一句台词"16岁的那年，你遇到的一个女孩，会改变你一生的命运"深深地吸引了他。

也正是那年，一个女孩开始追求龙龙，而龙龙对她也有好感，一段感情就开始了。恋爱开始时，龙龙觉得很甜蜜，也付出了很多，为了那个女孩，他可以订凌晨三点开往长沙的火车票，只是为了她早晨起来第一眼看到的是自己。

龙龙还在自己的背上纹了一个"summer"的纹身。Summer的意思是夏，也是那个女孩的姓。

刚开始两人关系还不错。高三时，龙龙和女孩吵了一架，心情郁闷的他买了一瓶酒，晚自习时就在教室里喝。没过多久，他身上的酒味就被班主任闻到了，他被老师处罚回家反省三天。

三天后，龙龙回到学校，班主任对他说："你肯定是因为感情出了问题才喝的酒，告诉我你女朋友叫什么名字，我就让你回来读书。"出于保护女朋友的心理，龙龙与班主任发生冲突，并且明确表示自己不会让女朋友背上任何处分。结果，龙龙又被逐出了学校，只不过这次，他需要回家反省一辈子了。

没有学上的龙龙进入了社会，父母也不再给他任何帮助，甚至把他逐出了家门。为了生活，龙龙一个人在外独自打拼了好几个月，当过网管，打过电竞，进过工作室，可他发现，打的工越多，欠的钱就越多。眼看快过年了，他干脆不干了，选择回家和父母一起蜗居。

结果回家没多久，就出现疫情。疫情期间女朋友因为以前的事又与龙龙吵了起来。这次吵架与之前不一样的是，龙龙的女朋友变成了前女友。

龙龙开始厌恶这个世界，每天早上哭着起床，晚上哭着睡觉，自残更是家常便饭，甚至还自杀过两次。有一次，龙龙坐在天台上双脚悬空，可以说稍不留神就会掉下去，幸好当时朋友的一通电话才让他不至于后悔。

这时，龙龙母亲终于开始意识到他的问题，帮他找过心理医生，但效果甚微。后来，龙龙妈妈联系我们，加入了为期两个月的学习课程。

在这个课程中，所有的事情龙龙都需要自己动手，而且生活十分规律，每天几点起床、几点吃饭、几点睡觉都清清楚楚。这期间龙龙情绪不稳定，有几次是凌晨，我听说后立即去看望他，和他彻夜长谈，这让龙龙十分感动，向我吐露了心扉，他也真正感受到了什么是爱。

现在，龙龙学会了演讲，他能站在有上千名观众的舞台上侃侃而谈，把自己的故事分享给大家，希望通过自己的改变来改变他们。

也是因为处在我们这种正能量环境的包围中，看到周围的人都很努力，龙龙最终扬帆起航。回家后，他不再和父母争吵，甚至敞开心扉向父母忏悔他曾经的错误，让所有人都对他刮目相看。

失恋抑郁是青春期孩子普遍面临的情况，有的孩子甚至会走极端。对于这样的孩子，我们一定要给他创造一个充满正能量的环境，随时鼓励他们，要努力让他们与过去的内疚和否定做斗争，分清事情的轻重缓急。对他们，千万不要批评、评判和责骂，不要讨价还价，只要帮助。如果实在不行，可以寻求专业机构的帮助。因为在专业机构会有专业人士倾听孩子的心声，用活动感染孩子，而这本身对孩子就是一种治疗。

如何让失去目标的孩子开启人生新征程

　　小凯出生在一个幸福的家庭，从小学到初中成绩一直很优异，父母对他也有非常大的期许，一直是高标准、严要求。但步入高中后的小凯，慢慢开始不愿学习，甚至高二迷恋上了手机，成绩飞速下滑，并且班主任向他父母反映其经常在课堂上睡觉，荒废了大量的课程。

　　小凯的妈妈心急如焚，每天睡觉前都会强制把小凯的手机收走，禁止他玩任何游戏，让他晚上早早入睡。可结果小凯上课依旧是趴在桌子上一睡不醒。

　　偶然一天晚上，小凯妈妈凌晨2点发现他还在玩手机，显然他用的不是同一部手机。妈妈非常生气，她没想到这些年辛辛苦苦的付出，换来的却是孩子的欺骗。想到小凯的成绩已经在全校下降了五百多名，妈妈心急如焚，但又无可奈何，孩子毕竟是自己的心头肉，要面对现实解决问题。小凯妈妈找了各种辅导班、各种心理医生，但仍然没能触动孩子，他依然对学习提不起兴趣。

　　偶然的机会，小凯妈妈听朋友介绍了我们的课程，当机立断给小凯报了名，软硬兼施终于把孩子带到了活动现场。

　　当孩子进到会场，听着励志的音乐，看到现场助教老师的积极行动。刚开始他还不适应，在诚惶诚恐的心态下，小凯体验到梦想板的环节，当时我讲，有梦想的人在启航，没有梦想的人在流浪。他觉得这就是在说他自己。

上学这么多年，他总以为是给家长学的，自己像个棋子一样，没有目标、没有梦想，浑浑噩噩。

当我让孩子们手绘出自己的梦想版图时，小凯心中默默埋下了一颗梦想的种子，他内心暗自发誓，我要觉醒，我要为自己的目标而去努力，不能辜负了爸爸妈妈的期望。妈妈万万没想到短短几天的时间，这个沉睡的小雄狮觉醒了。

随我来到龙口，活动中对小凯触动最大的是陌生拜访的训练，他从一开始不相信自己，到承受陌生人的质疑、打击、拒绝，期间我不断鼓励他，给予他信心和力量，让他一次一次披荆斩棘，磨炼自己的心智！在这次训练的旅途中，他克服了自己认为不可能的事情，突破了自己，内心凝聚起来强大的力量，他不再畏惧学习的压力，他自发决定放下手机，为了梦想努力拼搏，做一个奉献社会的人。

活动完成回到家，小凯完全变了，他主动放下手机，努力争取学业上的成功，希望利用高三这段时间，把以前落下的课都补上来。在那一年，他虽然遭遇了各种坎坷和打击，成绩忽高忽低，但他没有气馁，仍然努力前进，给自己制订了详细的学习计划，最终在高考中取得了优异的成绩，顺利考入山东科技大学。

我常常讲，对青春期孩子来说，树立梦想和目标具有极其巨大的作用。现在很多孩子的目标是缺失的，因为没有目标，他们学习就没有方向，结果一遇上挫折就会打退堂鼓，完全没有做事的动力。而有了梦想和目标就不一样了，他们会努力地朝着梦想、目标拼搏，直到实现梦想和目标为止。因此，父母有必要在孩子青春期的早期就根据他的实际情况规划他的目标，并取得他的认同，让他有成长的方向。同时，我们还要随时鼓励孩子，在孩子遇到困难时给他打气，经常提醒他实现目标后的美好，这样孩子才有毅力坚持下去。

如何让"小霸王"迷途知返

　　来自山东的小旭，出生在一个幸福的家庭，从小娇生惯养，家里人对他百依百顺，从来都是把最好的给他，只要小旭提出来的要求父母无不满足，他们甚至不让小旭做任何一点点家务，父母总是想把所有的爱都给他！但在这样溺爱的方式中成长起来的小旭，却成了父母如今的心结。原来，小旭做任何事都以自我为中心，自私自利，从不顾及他人的感受，为所欲为，并且经常向父母提出无理的要求，脾气也很火爆。

　　升入初中以后，小旭的情况越来越糟糕。父母无数次语重心长地跟他沟通，希望他能够改正，但都无济于事，有时候一句话说多了，小旭便会暴跳如雷，气得父母不知道该如何是好。看着眼前这个一米八的孩子，父母一筹莫展。

　　在父母最绝望、最无助的时候，他们在一次家庭教育分享会上听了我的课，抱着试一试的心态，就为小旭报了名。

　　刚到活动现场的时候，小旭父母非常担心孩子无法适应，毕竟他在家里就像个"小皇帝"一样，为所欲为。但令小旭妈妈惊讶的是，在助教老师的帮助下，在这个积极正能量的环境下，小旭慢慢融入了。当第二天团队训练结束后，妈妈发现孩子已经融入到各种游戏活动中，并且能积极配合助教老师，帮助其他同学做游戏，妈妈简直不敢相信，这还是小旭吗？

　　第三天的感恩环节，彻底触动了小旭的内心，在我们的积极引导下，小旭有了感恩的心。想到这十几年里，父母为他付出的一切，而他却任性妄为地不断向父母索取，这让他深感愧疚，嚎啕大哭。他给妈妈写了一封长长的感恩信，告诉妈妈他知道错了，他不应该顶撞这世界上最爱他的父母。

在第二阶段的活动中，小旭来到云梦方舟亚洲最大的水上乐园，体验各种具有挑战性的水上项目，释放压力、解放天性。他突破了高达25米的垂直滑梯。在那一刻，他收获了自信，真正体会到了我告诉他的"挑战恐惧才能无所畏惧"。

在张家界，当小旭爬上天梯的那一刻，他仿佛成了一名巨人，一览众山小的感觉油然而生，美丽的云彩就在身边围绕，清新的空气渗入他每一次的呼吸，不仅仅是这种美妙的感觉，更重要的是他的内心、他的格局发生了变化，他开始懂得要做一个有格局、有胸怀且受欢迎的人。

通过几天的研学，小旭把所学的一切都带入了生活中。回家以后，他就列出了自己的学习计划。小旭妈妈开心地与我们分享，说小旭现在做事情有条有理，学校一放学就去辅导班，辅导班结束回到家就看课外阅读，状态满满。并且，小旭还经常帮父母做家务，妈妈的话也能听得进去了，懂得照顾别人，经常陪奶奶聊天，逗奶奶开心。妈妈感受到这个一直被溺爱着的"小霸王"真正蜕变了。

要防止孩子成为"小霸王"，父母从一开始就不能宠溺孩子，你宠溺得越多，孩子"霸"得越厉害，不管是独生子女也好，还是特别喜欢也好，父母都要以平常心来对待孩子，孩子自己能处理的事情父母就不需要去帮助，要让孩子进行各种尝试，而绝不是一味代劳。如果孩子真成了"小霸王"，那么就不能再由着他的性子来，要引导他自己做事，培养他独立承担的责任心，要让他看到，帮助别人、帮助家庭是他应该做的，而且他也能体会到其中的快乐。总之，父母需要做的是放手，然后一点一点地尝试去改变孩子。

如何引爆浑噩少年的梦想

小宏出生在一个幸福的家庭，妈妈多年从事教育工作，为了孩子一直潜心学习家庭教育。在孩子上初三之前，小宏各方面都不错，妈妈也因此而沾沾自喜。

可就从孩子初三下半年开始，小宏迷恋上了手机游戏，每天放学后抱起手机玩到凌晨，作业也不写，白天就在课堂上睡觉，班主任隔三差五给家长发孩子在班里睡觉的图片。小宏的学习成绩自然也是一落千丈。

眼看还有一个月就要中考了，孩子仍然表现出无所谓的态度，妈妈急得像热锅上的蚂蚁一样，绞尽脑汁想办法，甚至不惜给孩子报全天托管的中考班，可小宏对妈妈做的任何决定依然无动于衷。妈妈实在没有办法，就算是有病乱投医，都不知道方向在哪里！

就在最困惑、最无助的时候，小宏妈妈通过朋友了解到了我们的机构。小宏妈妈给孩子请了假，从烟台飞往湖南，参加了我们组织的"少年重生"活动。

一周的活动结束后，小宏妈妈感觉孩子就像变了一个人，以前迷茫消极、不思进取的孩子不见了，眼前看到的是阳光自信有斗志的小宏。孩子还给自己制订了详细的中考计划。

回到家冲刺中考，一个月的时间，小宏考出了托管班老师给他定的成绩。妈妈也是万万没想到，之前分数考个最普通的高中都不可能，现在居然进入了理想的学校。

暑假期间，小宏又参加了我们的特训营和俱乐部活动。在这期间，他突破自己竞选队长，当众承诺带领本组拿到第一名！他表示输赢还不是最主要的，重要的是要做一个积极、勇敢、有担当的男孩，说出的话要有分量。凭着这股不服输、有担当的责任心，暑假结束高中开学后，他竞选上了班级里的班长。以前，小宏自己迷恋游戏，天天上课睡觉，现在竟然可以帮助老师管理同学手机，提醒同学上课不能睡觉，要认真学习。并且，小宏还懂得了体谅父母，为了节省生活费，每天都会去学校餐厅打工半小时，感恩父母的辛苦。

我告诉小宏，不为良相即为良医。非常希望他将来能够治病救人，为社会服务，弘扬中国传统的中医文化。小宏也给了我一个大写的承诺。

青春期的孩子浑浑噩噩，最主要的原因就是心中没有梦想，没有激励他们上进的事物。对此，父母一定要想办法让孩子树立梦想，表面的打压、批评解决不了任何问题，只有带领孩子深入到问题的实质，从开发孩子兴趣、引爆孩子梦想入手，才能使孩子有所成就。梦想，是我们奋斗的方向，没有梦想，我们将很难突破自己。所以，有梦想其实是一件让我们非常痴狂的事，是让我们产生奋斗动力的最原始的基因。它绵延了人生的长度，又紧缩了生命的长度，它让我们热血沸腾，也让我们不顾一切，勇闯山巅。

要引爆孩子的梦想，就必须和孩子站在一起，教育不能顺藤摸瓜，而是要顺瓜摸藤，要拼命地为孩子营造经历，拼命地增长孩子的见识，赋予他责任，进入他的频道，找到他的内在力量，激发他不断努力。唯有如此，孩子才能从浑浑噩噩的状态中走出来，成为一个人人称羡的少年。

Chapter 12

学会培养孩子的世界观

在狭小环境里长大的孩子，很多意识都受到限制，而在大视野中长大的孩子，才能拥有广阔的世界观。父母要有意识地带孩子出去看看，吸纳先进的知识，接收先进的文化，打开孩子的世界观，提升孩子的眼界和格局，这才是对孩子有着莫大好处的事。

见识决定想法，想法决定行为，行为决定追求

见识决定想法，想法决定行为，行为决定追求，这是我常常挂在嘴边的一句话，也是希望父母教育孩子时一定要贯彻的理念。

为什么说见识决定想法呢？因为在这个世界上，真正能代表一个人水平的是展示一个人生命层次的底层逻辑。我们所看到的世界，其实都是我们内心"选择"的结果，而这种"选择"往往是不容易被察觉的。

曾经有个流传很广的段子。说一个记者去到农村，看到一个孩子在放羊，于是问孩子："你的理想是什么？"答："放羊。"问："你放羊是为了什么？"答："挣钱。""挣钱干什么？"答："娶媳妇。"问："娶媳妇是为了什么？"答："生孩子。"问："生孩子是为了什么？"答："放羊。"

因为孩子一直生活在农村，不知道外面的世界有多么宽广，他的见识就局限在了放羊上，因此他想法的落脚点也都在这儿，他没有别的见识，所以他不知道一个人在未来还能干什么，这是不是很可悲？

虽然现在我们大多数孩子不放羊了，但有很多孩子的生活状态和"放羊娃"其实也没有多大的区别，因为他们的圈子、环境一旦固定了，他们的见识就固定了，这使得他们的想法也会处于一个相对停滞的状态。就像在一些小城市，孩子的父母、亲戚都在同一个领域工作，受此影响，孩子们的梦想也是长大后过上和长辈们一样的生活，因为这是他们看到的世界上最好的生活方式。

　　要想让孩子改变，我们就要想办法提高孩子的见识，让孩子走出他们生活的圈子、环境，让他们接受更广阔的世界的洗礼，这才是对孩子的未来负责的教育方式。就像瓦特，他改良了蒸汽机，他虽然没上过大学，但他很有见识，他在大学里工作，帮人修仪器，还上了大学里所有的物理课。

　　为什么又说想法决定行为呢？撒切尔夫人说："注意你的思想，因为它将变成行为。"想法也叫意识，它是主观存在于人脑海里的东西，是一个人对事物的主观反映，它可以发挥主观能动性来支配行为。

　　因此可以说一个人的行为是受想法控制的，拥有积极正确、有高度的想法，就能享有积极正确、有高度的信念，拥有持续的力量，才能做出让人刮目相看的事情，成就美好的人生。

　　在西方，牛顿常被认为是第二个对人类历史有影响力的人物，但在西方人眼中，牛顿首先并不是一个科学家，而是一个思想家，因为他有一整套的思想，正是这些思想造就了他不凡的成就。

　　今天我们常说要成功、要创新，我们也希望自己的孩子成为一个成功的人，那在这时，我们就一定要知道，孩子必须先要有想法、有一套思想，知道自己该做什么不该做什么，该怎么做不该怎么做。

　　为什么又是行为决定追求呢？因为一个人的行为决定他未来人生的打开方式。一位伟人说："要么是你去驾驭生命，要么是生命驾驭你。"一个人的行为将决定谁是坐骑、谁是骑师。人生的意义在于不断地追求，不断地自我完善，你只有有了好的行为，才会有好的作为。所以，与其期待孩子在未来有好的命运，不如让他们践行好的行为，让他们能够好好审度自身行为所带来的影响。

没有规划的人生一定是少有作为的人生

在教育孩子的过程中，父母应该没少问过："你长大后想干什么？"孩子们的回答也是五花八门。但有一点可以肯定的是，孩子的回答都是他们感兴趣的方面。

孩子们已经思考过自己的未来，可我们很多父母却并没有从实际出发规划孩子的未来。他们往往就是按照学校的节奏来问孩子"考得怎么样？""分数是多少？"这显然是不够的。

孩子在学校，解决的只是社会化教育，孩子个性的发展只有父母才能给予指导。每个人都有优点和缺点，每个孩子也肯定都有自己的长处和短处。根据孩子的特点来做好孩子的人生规划，是每个父母都应该做的事。

我们不能天天给孩子说些"你考不上大学怎么办"这样的话，那孩子就可能认为自己的人生只有考上大学这一条路可走。那你的孩子可能真就走进思想的"死胡同"了。孩子因为考不上大学就跳河这样的事并不鲜见，我不希望这样的悲剧再次发生。

当孩子刚进入青春期时，我们就要有意识地和孩子谈他的理想，看看他们想要成为什么样的人，同时和孩子一起讨论哪些职业更适合他。我们可以提供三到五个职业来供孩子选择，无论孩子选择什么职业，无论与父母的期望相不相符，都要予以尊重，千万不能将自己的意志强加在孩子身上，不能要求孩子必须做医生、必须做律师，等等。

　　记得有这么一个故事。有一次同学聚会，因为大家的孩子差不多都在念初中、高中，话题自然就落到了孩子身上。有个父亲特别骄傲，说他的孩子特别优秀，从小到大都是班里的第一名，将来一定会考上名牌大学。后来他又问起其他人，另一个父亲只淡淡地说了句："我家孩子不怎么样，但他说他喜欢当厨师。"那个父亲听完还哈哈大笑。

　　一晃很多年过去了。那个想当厨师的孩子后来上了职高，分到饭店做了厨师。他勤勤恳恳，不久就做到厨师长。后来大使馆选厨师，他也被选走了。而那个学习成绩特别好的孩子呢，后来读到了硕士，但可悲的是他却一直不知道自己适合做什么。而那个做厨师的孩子呢，每年都会从国外寄很多红酒回来，他的父亲也特别骄傲，逢人就说："来，尝尝我儿子酿的红酒。"

　　所以，在青春期为孩子做好人生规划很重要，如果孩子确实不喜欢学习，就不要硬逼着孩子往学习上发展。在其他方面，也许有更适合孩子的地方，只要父母用心，加上孩子自己的倾诉，我想是一定能发现孩子的特长的。此外，父母只需要给孩子提供这个特长发挥的土壤就够了。

　　如果你在和孩子一起谈论理想时，即使当时没有谈出什么结果，但这颗种子已经种下了。种下了种子，它自然就会生根发芽，也许孩子在一个不经意间就会想起自己的理想是什么。父母因此可以过一段时间再去和孩子沟通，也许就能得到答案了。

没有计划地做事一定是失败的开始

古语说，"用兵之道，以计为首"。合理的计划是支配一个人有效行动的指挥棒，是引领一个人通向成功彼岸的灯塔。有计划有条理地完成目标，不但能节约我们的时间，而且能防止我们对目标产生恐惧心理。

我们越早养成有计划做事的习惯，就越可能提前迎来成功的人生。为人父母者，从孩子在青春期开始，就应该有意识地让孩子培养有计划做事的习惯。

曾经很多高考状元在谈到自己成功的经验时，无不表示是因为有计划地编排了学习内容，才使得自己考出了好成绩。据统计，有70.37%的高考状元会按照每年、每学期、每月来规律地制订学习计划。

有一位高考状元曾经公布了自己每天的学习计划，我们一起来看一看。

早晨

5：00—5：30　起床，洗漱半小时

5：30—6：00　从宿舍到教室要花费的时间

6：00—6：30　教室自习，读英语文章或者单词

6：30—7：00　背语文诗歌或者美文

7：00—7：45　吃早饭，边吃边看书，看英语单词，背诵古诗，或

是看理化生的公式

7：45—8：00　休息

上午

8：00—8：45　第一节课

8：45—8：55　如果不上厕所，就提前预习下节课的内容

8：55—9：40　第二节课

9：40—10：10　跑操时间，拿一个小本子，在整队等待间隙背诵英语单词，背古诗

10：10—10：55　第三节课

10：55—11：05　课间休息期间预习下一节课的内容

11：05—11：50　第四节课

11：50—12：40　去食堂打上饭然后回宿舍吃饭，吃饭期间看一篇美文

下午

12：40—1：40　午睡

1：40—2：00　去教室的路上

2：00—2：45　下午第一节课

2：45—2：55　课间休息期间看会书，或是和同学做些学习上的小游戏

2：55—3：40　下午第二节课

3：40—4：00　做些活动，放松自己的心情

4：00—4：45　下午第三节课

4：45—4：55　课间休息期间看会书

4：55—5：40　下午第四节课

5：40—6：20　下午吃饭时间、休息

晚上

6：20—7：00　晚自习，复习英语或者语文，做题为主，背诵为辅

7：00—7：50　理化生科目，主要是做题，巩固已学的知识

8：00—8：50　数学，看书做习题

　　这是一份多么详尽的学习计划。试想，如果孩子每天坚定不移地按照计划中的事来执行，时光还会被辜负吗？学习还会被辜负吗？不会的。

　　青春期的孩子，不仅是学习，任何事情都需要进行规划，比如一次外出、一次活动，只有计划好了，并严格执行，才能取得满意的效果。有的人也许做了计划，但不执行，那也等于没有计划。我们针对要做的事，必须把时间把握好，把方法找对，及时出手。必须让孩子了解，他是什么样的人，他可以做到什么，他的目的是什么。这些是我们设立计划的基础。我们要让孩子诚实地对自己进行一番评价，做出一个对自己来说有一定压力但又能够完成的计划。一旦计划制订了，就必须去完成，父母可以告诉孩子"我想充当你的监督者，你愿意吗？"征得孩子的同意，然后和孩子一起努力，定期复盘检视，这样我们就能取得想要的效果了。

要给孩子看世界的机会

　　我是一个鼓励孩子走出去看世界的人。大千世界，林林总总，有很多是我们从没见过也没有感知过的事物。如果我们不走出去，就体会不到世界的美好，也不会有正确的世界观，不会有与世界接轨的理想和目标。

　　古语说，"读万卷书，行万里路"，知和行永远是相辅相成的，只是一味地待在学校里学习，那只会将孩子变成一个书呆子，没有任何实践能力。

　　如果父母能带孩子走出去，了解这个世界，融入这个世界，那孩子也能更好地了解自己，认识自己。

　　我们组织的各种活动，有很多就是为了给孩子提供看世界的窗口。在我们的"少年重生"课堂，我们带孩子去韶山，让孩子们参观毛主席故居，领略长征精神。在这个过程中，很多孩子就在想，红军为什么能在那样艰苦的环境里生存？究竟是什么让他们那样坚持？这时，我就会告诉孩子们，是因为共产党人心中都有一个信念，他们要为解放中国而去奋斗。这便是长征精神，在艰苦的环境里依旧坚韧不拔，就算跌倒了，也要继续爬起来。

　　在夏令营和冬令营活动中，我们带孩子去张家界，让他们感受张家界为什么会成为受人喜爱的城市，让他们学习人生的境界与格局的提升，帮他们树立明确的学习目标和规划。

在"青少年精英训练营"中，我们会带孩子去沙漠徒步，全程20公里。沙漠是很危险的，需要团队的人互帮互助，在这个过程中有很多孩子想过放弃，想要退缩，但都被老师和团队鼓励的话语化解了，他们也认识到，做自己不敢做的事情就是突破。他们会告诉自己，坚持就是胜利，只要克服困难，每个人都是自己的王者。

每一次外出，每一次活动，对孩子来说都是成长。父母决不应该把孩子束缚在狭小的空间里。如果有机会，一定要带孩子出去看看这个大千世界。哈佛女校长福斯特就说，她从小每年都会去一个陌生的地方，这是对她自己的一个要求，也是一个规划。对她来讲，用学习的方式来旅行已经是一种传统，它的意义就在于让自我成长。

看世界的方法有很多，但走出去绝对是最好的一种。具有科技感的地方、具有革命意义的地方、现代化的高楼、名牌大学校园，都是值得父母带孩子去看一看的好地方。在陌生的地方，我们一定要让孩子融入当地，只有让孩子充分自由地接触当地的文化、精神，才能让孩子真正领略那种文化和精神，真正提高自己。

当然，带孩子去看世界，父母也有很多工作要做。父母必须提前做好规划，要有目的，要提前深度了解目的地的内涵精髓。在和孩子一起旅行的过程中，父母要告诉孩子不同的东西代表着的不同意义，以此加深孩子的印象，这不仅能让孩子崇拜你，也能不知不觉地引领孩子的成长。

要给孩子体验事物的权利

现在，很多父母都喜欢用自己的准则和做事方式来监督和约束孩子的行为，希望以此来提高孩子的能力。殊不知，青春期的孩子无不把这看成是父母的"霸权"，是对他们变相的惩罚，因此这种方式根本起不到应有的效果。

其实，青春期的孩子正处于额叶重塑期，他们大脑的突触太多，无法进行复杂的思考，也不能有效地将种种事情联系起来，只有让他们去体验，允许他们犯错，他们才能从自己的感受中更加深刻地认识事物、认识世界。

因此，父母需要多给孩子体验事物的权利。这里的体验包括两层意思：一是亲身经历，实地体会；二是通过亲身实践所获得的经验。

同样地，我们的活动也给予了很多让孩子体验事物的机会。例如，我们有一个软管穿土豆的活动，很多孩子在游戏开始前，都认为自己做不到，因为这是他们从来没见过也从来没有经历过的事情，他们不相信一个小小的软管竟然能够穿过坚硬的土豆。但当他们真正体验时，才发现这是真的可以做到的事情。这也改变了他们的认知，一个人用信念凝聚起来的力量实在是太强大了。在这个游戏环节结束后，很多孩子都露出了开心自信的笑容，心门渐渐打开。

我们还让孩子体验水上乐园——云梦方舟。我告诉孩子们"人生不是大胆冒险，就是一无所获"，在我的鼓励下，几乎所有孩子都会主动体验刺激项目，这个经历也让很多孩子彻底绽放，一些内向的孩子开始变得自信开朗，敢于交朋友了。

体验是认知的先决条件。没有体验，我们就不会产生新的认知。所以，如果父母对孩子进行了过多的限制，就会使孩子少了很多快乐和自由。我们要鼓励孩子去体验新事物，哪怕那些事物不是你认可的或者是你觉得危险的。如果危险，那我们需要做的就是做好防护工作，而不是去限制孩子体验的权利。

此外，父母也可以让孩子体验犯错误的后果。青春期的孩子对社会的认识并不深，在平时生活、学习中难免会有犯错的情况发生。让孩子自己去体验犯错的后果，当孩子真正了解到后果的严重性以后，才能积累相应的经验，在以后的人生道路上少犯同样的错误。

法国作家罗曼·罗兰说："人生应当做点错事。做错事，就是长见识。"任何尝试都有可能犯错，家长不允许孩子犯错，就是不允许孩子成长。因此，我们要用全面、发展的眼光去看待孩子，有了这种观念，就不会因孩子的一时失误或表现不佳而大发雷霆了。

借助环境改变孩子

青春期的孩子叛逆、多变，往往让父母操碎了心。

有的孩子，父母稍加引导就会发生转变；有的孩子，可能父母总也找不到好的方法去教育引导，这时候，寻找专业机构进行辅助就非常有必要了。

找专业机构来纠正孩子的个性、习惯的好处不胜枚举。现在很多孩子不与父母交流，而专业人士和孩子以往没有交集，他们能够像初次见面的朋友一样倾听孩子的心声，而这个过程本身就对孩子有很好的引导效果。再加上专业机构有针对性的活动，大量的过往教育案例的经验，都能很好地帮助父母解决孩子的问题。

以一个我们帮助过的内心封闭、叛逆、打架还厌学的少女成功转变的事情为例。

一个叫小媛的女孩，出生在一个严厉且对她十分抱有期望的家庭中。小媛妈妈的教育方式是典型的"棍棒之下出孝子"。从一年级开始，妈妈就用打的方式告诉她必须学会要做的题，这给小媛的心理造成了很大的伤害。妈妈又给她安排了很多兴趣班，小媛很累但不喜欢跟妈妈讲，她害怕妈妈严厉的说教。

到了初中，进入青春期，小媛的情绪莫名其妙地翻涌出来。有一次，因为小媛上课时脚下有个垃圾，老师当着全班同学的面指责了她。其实那个垃圾不是小媛扔的，被冤枉的小媛开始对老师大声喊叫。

之后，小媛越来越不爱学习，却越来越喜欢和老师顶撞，甚至结交了很多社会上的朋友，沾染上了一些恶习，每天都要出去玩，不到晚上12点不会回家。

初一下半学期，小媛开始跟人打架，在学校里更是目中无人，不遵守学校规则，缕次挑战老师的底线。老师呢，天天找家长，父母也对小媛的表现束手无措。

无奈之下，小媛妈妈找到了我们，带小媛来到了"少年精英训练营"现场。在这里，小媛通过时空隧道，了解到妈妈为自己做了那么多事情，一份感恩之心喷涌而出。随后，在龙口研学时，"敢死队"的经历让小媛从害羞不敢和陌生人讲话到后来出口就能和陌生人流利沟通，从认为这是不可能做到的事到轻易突破自己，这些都让小媛成长了许多，也改变了许多。

回到家以后的小媛，再也不是那个封闭、叛逆、打架、厌学的少年了，她给自己制订了周密的学习计划，每天自信地学习，最终在中考中考出了467分的好成绩。

可见，专业机构的一些活动、游戏，是单独的家庭、单独的父母没法组织的，因此父母想让孩子有所改变将是难上加难。而寻求专业机构的帮助就能轻松解决这个问题。专业机构的活动组织了众多的孩子，当孩子置身年龄相仿且有着同样感受的青少年当中时，他们就会在别人身上看到自己的影子，知道自己其实并非个例，这时他们就会感到强大的动力。

当然，最主要的还是专业机构有很多实用的策略，这些策略可能是父母绞尽脑汁也无法想象出来的。例如，应对强烈情绪的方法、自我抚慰、释放紧张等，在这些有效的方法面前，父母可以真切地感到自己绝望的孩子原来也可以逐渐变成一个充满活力的少年。